인공지능(AI) 시대,
전인지능(HI)으로 답하다

인공지능(AI) 시대,
전인지능(HI)으로 답하다

지은이 | 최도성
초판 발행 | 2025. 11. 4
등록번호 | 제1988-000080호
등록된 곳 | 서울특별시 용산구 서빙고로 65길 38
발행처 | 사단법인 두란노서원
영업부 | 2078-3333   FAX | 080-749-3705
출판부 | 2078-3331

책값은 뒤표지에 있습니다.
ISBN 978-89-531-5203-8 03230

독자의 의견을 기다립니다.
tpress@duranno.com   www.duranno.com

두란노서원은 바울 사도가 3차 전도여행 때 에베소에서 성령 받은 제자들을 따로 세워 하나님의 말씀으로 양육하던 장소입
니다. 사도행전 19장 8-20절의 정신에 따라 첫째 목회자를 돕는 사역과 평신도를 훈련시키는 사역, 둘째 세계선교(TIM)와 문
서선교(《단행본잡지》)사역, 셋째 예수문화 및 경배와 찬양 사역, 그리고 가정·상담 사역 등을 감당하고 있습니다. 1980년 12월
22일에 창립된 두란노서원은 주님 오실 때까지 이 사역들을 계속할 것입니다.

글로벌 인재를 키우는 한동대학교의 교육 전략

인공지능 ^{AI} 시대,

Artificial Intelligence

전인지능 ^{HI} 으로 답하다

Holistic Intelligence

최도성 지음

두란노

차례

part 1

AI 시대,
아직 20세기 교육 패러다임인가?

part 6 한동의 교육을
세계로, 미래로

최도성 총장님은 대학을 단순한 제도나 기관으로 한정하지 않고, 끊임없이 변화하는 시대 속에서 진리를 추구하고 사람을 길러 내는 운동으로 규정합니다. 이 대목에서 저는 깊이 감동받았습니다. 왜냐하면 대학은 이미 오래전부터 건물과 조직을 넘어, 세상을 향해 열린 운동이어야 했기 때문입니다.

AI 시대라는 거대한 전환기에 서 있는 지금, 이 책은 전인지능(HI)이라는 새로운 개념을 통해 인간다움의 교육, 곧 지성과 인성과 영성을 아우르는 전인적 형성을 제시합니다. 직업적 능력이나 성과에 머무르지 않고, 하나님 나라의 가치를 품은 인격적 지도자를 세우는 길이 여기에 드러납니다.

특히 기독교 대학의 사명에 관심 있는 모든 분에게 이 책을 권하고 싶습니다. 이 책은 교육을 제도적 차원의 관리가 아니라, 하나님 나라를 향한 참여와 실천의 운동으로 바라보게 합니다. 미래의 대학을 고민하는 모든 이에게, 이 책은 분명히 나침반이 될 것입니다.

강영안(한동대학교 석좌교수)

상형문자 '인(人)'은 사람이 서로 받쳐주고 기대면서 살아가는 존재임을 나타낸다. 여기에 '사이 간(間)'이 더해진 것이 인간(人間)으로, 여기에는 그간 언어와 문자 그리고 책이 존재했다. 그러나 이제는 스스로 의견을 만들고 또 이를 전달할 수 있는 AI가 추가되었다. 결국 우리는 인간 자신에 대한 인식까지 모조리 바꿔야 하는 전환점에 놓인 듯싶다. 문명 대전환이다. 인재 양성의 철학과 목표에 큰 변화가 있어야 함은 너무 당연한데, 이를 전인지능(HI: Holistic Intelligence) 교육으로 제시한 최도성 총장의 탁월한 안목과 식견이 이 책에 담겨 있다. 대학교육 담당자들에게 일독을 권한다.

김도연(태재미래전략연구원 이사장, 전 교육과학기술부 장관)

내가 저자를 처음 만난 것은 서울대학교에서 대학 발전을 위한 특별위원회 위원으로 함께 일하기 시작한 1999년이었다. 당시 '위원장 동지'로 불리던 저자는 뛰어난 리더십을 발휘해 서울대학교의 지배 구조 개편과 국제화 등에 대한 정책 연구를 주도했고, 이는 나중에 서울대학교 법인화와 장기 발전 계획 수립에 이정표가 되었다. 이후 저자는 한국은행 금융통화위원과 한동대학교 부총장, 가천대학교 부총장 등을 거치며 한국 사회와 대학을 향해 끊임없이 '광야에서 외치는 소리'를 발했다.

그가 2022년 2월 한동대학교 총장으로 부임했다는 소식을 접했을 때, 나는 '공부해서 남 주자'와 'Why not change the world?'를 모토로 삼는 대학으로부터 그를 통해 우리나라와 세계를 일깨울 새로운 소리가 들릴 것이라 예감했다. 그러던 차에 2022년 11월 ChatGPT의 등장으로 인공지능 열풍이 세계를 뒤덮었고, 세상은 그 이전으로 돌아갈 수 없게 되었다. 이제 문제는 기계가 사람처럼 생각하는 것이 아니라 사람이 기계처럼 생각하게 된 것이다. 거대언어모델(LLM)을 접한 모든 이는 인간이라는 존재의 특별함이 과연 근거가 있는지에 대해 회의하지 않을 수 없게 되었다.

결국 '인공'으로 인해 '인간'을 되돌아보게 된 이 시점에 저자는 인간의 궁극적 모습은 지능 너머에서 찾을 수밖에 없음을 고백하고 있다. 지능만 가지고는 기계와 별로 다를 바 없는 인간일지 모르지만, 그에게는 인성이 있고 심지어 지성과 인성마저 넘어서는 초월적 영역의 영성이 있기 때문에 인공지능 시대에 필요한 교육 모델은 이 세 가지 영역을 아우르는 전인지능(HI)에 기반을 두어야 한다는 것이다.

이는 저자의 신앙 고백일 뿐 아니라 그의 오랜 교육 현장과 사회봉사 경험에서 우러나온 통찰과 혜안이라고 생각한다. 그러지 않아도 인간성의 실종이 우려될 정도로 메말라 가는 현대 사회에서 인공지능의 등장으로 인간 본연의 모습에 큰 의문이 던져진 이 시점에 필멸자(Mortal)일 수밖에 없는 존재가 올바른 교육을 통해 어떻게 지적으로, 정서적으로, 영적으로 성장해 갈 수 있는지를 제시하는 훌륭한 안내서라고 생각한다. 처음 만난 지 30년이 되어 가는 이 시점에 오랫동안 존경해 온 선배 교수로서, 또 같은 지역에서 늘 본이 되는 동료 총장으로서 저자의 '광야에서 외치는 목소리'가 그리울 것이다.

김성근(포항공과대학교 총장)

이 책을 펼치며, 교육의 본질이 무엇인지 또다시 묻게 된다. 최도성 총장님이 제시하신 HI 모델은 단순한 학문적 담론이 아니라, 오늘날 우리가 잃어버린 교육의 참모습을 비추는 거울과도 같다. 무엇보다 감동적인 것은 교육을 통해 학생들로 하여금 '나의 성공'이 아닌 '이웃과 공동체를 향한 헌신'을 생각하도록 유도한다는 점이다. 이는 단순한 도덕적 교훈의 주입이 아니라, 하나님 나라의 관점에서 교육이 회복해야 할 본질을 드러낸다.

한동대학교의 개교 철학은 '배워서 남 주자'다. 이 짧지만 깊은 가르침은 한동대학교 학생들에게 단순한 표어가 아니라, 삶의 분명한 방향이 되고 있다. 나는 이 책에서 교육이 다시 사람을 세우는 길로 돌아가야 한다는 간절한 부름을 듣는다. 총장님의 글 속에는 치열한 시대적 고민이 담겨 있으며, 동시에 따뜻한 하나님의 시선이 살아 있다. 그 시선은 학생을 단순한 사제지간이 아니라 하나님의 형상으로 바라보게 하며, 배움을 지식의 소유가 아니라 나눔과 섬김의 과정으로 바꾸어 낸다.

그러므로 이 책은 단순한 회고록이 아니다. 우리가 다시 회복해야 할 교육의 얼굴을 보여 주는 증언이자, 다음 세대에게 전하는 희망의 유산이다. 그리고 바로 이 길이야말로 영성, 인성, 지성을 골고루 함양한 리더를 양성하는 한동대학교의 시작인 전인적 세계시민교육의 길임을 다시 확신하게 된다. 하나님이 이 책을 읽는 모든 이에게 같은 울림을 허락하시길 기도한다.

김영애(한동글로벌후원회 회장, 베스트셀러 《갈대상자》 저자)

존경하는 최도성 총장님이 귀한 책을 출간하시게 된 것을 진심으로 축하드립니다.

기독교 신앙과 영성을 교육의 근간으로 삼으신 최 총장님의 리더십 아래 한동대학교는 '글로컬대학30' 사업에 선정되었으며, 오늘날 대한민국 최고 기독교 사학으로 자리매김할 수 있었습니다.

기계가 사람을 대신할 수 있는 AI 시대에 최도성 총장님이 제안하신 복음과 신앙을 기본으로 하는 전인지능(HI) 교육은 지금 이 시대에 반드시 필요한 교육 패러다임이라 믿습니다.

이 책이 앞으로 많은 기독교 대학에 귀한 길잡이가 되기를 기도드립니다. 감사합니다.

김장환(목사, 극동방송 이사장)

지난 17개월 동안 한동대학교에서 저자와 함께 일하는 특권을 누렸다. 가까이에서 지켜보면서 그가 마음이 맑은 그리스도인이며, 평생을 연구하고 가르쳐 온 학자이며, 사람을 소중히 여기며, 말씀에 기초해 대학을 경영하려고 노력하는 사람이라는 사실을 보아 왔다.

그가 우리 모두가 주목해야 할 책을 냈다. 인공지능(AI)이 주도하는 세상 속에서 우리와 우리 자녀들이 어떻게 살아야 하고, 대학은 어떻게 사람을 키워야 하는지에 관해 질문한다. 그리고 그 대안으로 전인지능(HI)을 제안한다. 사람이 AI를 닮을 때 비극적인 미래가 펼쳐질 것을 경고하면서, AI를 다룰 수 있는 전인적인 인간의 양성을 주장하는 그의 제안은 우리가 나아가야 할 삶의 방향이다.

단순한 책상머리 이론이 아니라, 대학에서 직접 경험한 것을 바탕으로 저자가 제안하는 전인지능 이야기는 그리스도인뿐 아니라 모든 현대인이 귀를 기울여야 할 선지자의 음성이라고 생각한다.

박은조(목사, 한동대학교 석좌교수, 교목실장)

한동대학교는 기독교 정신을 바탕으로 글로벌 인재를 키우는 미래형 혁신대학이다. 글로컬대학30에 선정된 한동대학교가 지난 30년의 성공을 뛰어넘어 제2의 창학을 제창한다. 새로운 도약을 위한 한동대학교 최도성 총장님의 미래 교육 비전과 철학이 담긴 귀한 책을 감명 깊게 읽었다. 21세기 AI 시대를 맞아 방향을 잃은 고등교육의 미래가 전인지능(HI)을 제안하는 한동대학교의 비전으로 새 길을 찾을 수 있을 것 같다. 한동대학교의 미래 전략이 오롯이 담긴 이 책은 21세기 새로운 교육을 고민하는 사람이라면 누구나 읽어 봐야 할 것이다.

염재호(태재대학교 총장)

한동대학교를 방문하거나 재학생 또는 졸업생을 만나 대화를 나누다 보면 기분이 참 좋아집니다. 그들의 가치관과 세상을 대하는 태도 등을 보면 공동체를 위해 이러한 사람이 많이 필요하다고 느끼게 됩니다. 오늘날 너무도 빠르게 변화하는 과학기술의 발전 속에서 전인지능(HI)이라는 교육철학으로 깊은 사유와 공동체적 책임을 강조하는 최도성 총장님의 주장에 깊이 공감합니다. 전인지능을 갖추고 실천하는 한동인과 공익형 인간이 많아질 때 우리 사회와 세상이 더 평화롭고 행복해질 것입니다.

이강덕(포항시장)

이 책은 AI 시대에 산업 시대의 선형적 확장을 넘어 사람 중심의 지수 성장을 이끌 실질적 경영 전략을 제시하고 있다. 교육에서 다져진 HI 교육의 네 기둥(도덕지능·융복합지능·디지털지능·공헌지능)은 기업 가치관, 집단 지성, AI 리터러시, 사업 목적과 정밀하게 맵핑되어 윤리, 협업, 디지털 역량, 성과 창출 원리를 제공한다. HI 지성을 갖춘 인재가 의사 결정과 실행을 주도할 때 조직은 지속 가능성과 폭발적 성장을 실현한다. 이는 성경적 통찰에 뿌리를 둔 교육의 사명이자 경영의 핵심 요소로, VUCA+AI 시대 리더에게 깊은 인사이트를 제공할 것이다. 사람 중심 성장 엔진을 추구하는 C-레벨 경영진에게 이 책을 강력히 추천한다.

이병구(네패스그룹 회장, 기독경영연구원 이사장)

우리는 AI 시대를 충격과 경이의 눈으로 바라봅니다. AI LLM(거대언어모델)은 "무엇이든 물어보세요"라며 우리에게 다가옵니다. 인류가 수천 년간 쌓아 온 지식의 보따리를 능숙한 도서관 사서처럼 금세 풀어 놓습니다. 이제 대학은 어떻게 해야 하고, 교수는 어떤 역할을 해야 할까요? 최도성 총장님은 이 질문에 깊은 고민과 성찰을 담아 답을 제시합니다. 그 답은 바로 'AI가 절대로 넘볼 수 없는 인간의 지능, 하나님의 형상을 가진 인간만이 가지는 지능, HI(Holistic Intelligence) 교육'입니다. 이는 '인성과 공동체 의식, 윤리적 책임감, 그리고 글로벌 시민으로서의 정체성까지 함께 함양하는 교육'입니다. 이 비전을 담아 한동대학교는 'HI Alliance'를 설립했고, 여기에 전 세계 70여 개 대학이 함께하고 있습니다. 김영길 초대 총장님이 도전하셨던 'Why not change the world?'가 AI 시대에 최도성 총장님의 HI 비전으로 열매를 맺게 되리라는 기대감을 갖게 됩니다.

이인용(법무법인 율촌 가치성장위원장)

세상은 AI를 중심으로 급변하고 있습니다. 인터넷이 가져온 혁명적인 사회 변화를 토대로 우리가 상상조차 할 수 없었던 변화가 일어나고 있습니다. 이러한 변화는 많은 기회를 가져오면서 또한 위기를 동반합니다. 그중에서도 주목할 만한 것은 과학기술을 지나치게 의존하는 데서 발생하는 '탈인간화'와 '공동체 붕괴' 위기입니다. 기독교 대학의 소명은 이 같은 사회 변화에 성경적 세계관으로 응답하며 선도하는 역할을 하는 것입니다. 한동대학교는 이러한 인공지능 시대에 전인지능으로 응답하며 세상을 변화시키고 있습니다. 최도성 총장님의 리더십이 이 변화를 가능하게 했습니다. 'Why not change the world?'라는 슬로건으로 하나 되어 혁신적인 교육 개혁을 이루어 온 한동대학교가 이제는 'Why not change the AI world through holistic intelligence'를 추구하고 있습니다. 이 책은 최도성 총장님의 소명과 한동대학교가 하나님의 대학으로서 어떻게 세상 속에서 그 정체성을 지키려고 노력하고 있는지를 잘 보여 줍니다. 한국 교회의 성도들과 교육 지도자들에게 많이 읽혀 하나님 나라가 우리나라의 교육 현장에 임하기를 기도하며 추천합니다.

이재훈(온누리교회 위임목사, 한동대학교 이사장)

지금 우리는 학교와 대학에서 학생들이 키우고 평가받는 역량을 인공지능이 월등하게 넘어서고 있는 문명사적 대격변을 목격하고 있습니다. 아이들에게 무엇을 어떻게 가르칠지 교육을 완전히 다시 정의하고, 근본적으로 혁신해야 합니다.

과연 대학들이 이 같은 엄청난 변화에 어떻게 대응해야 할지 알고 싶은 이들에게 이 책을 추천합니다.

인공지능 시대에 더 인간 중심적인 교육을 실현하기 위해 '더 깊이 있게 사고하고 더 관계적으로 살아가는 법'을 가르치는 한동대학교와 최도성 총장님에게 큰 박수와 아낌없는 찬사를 보냅니다.

이주호(제61대 부총리, 전 교육부장관)

인공지능이 인간의 지능을 추월하는 특이점이 바로 눈앞에 있다. 설렘보다 두려움이 크다. 인류에게는 어떤 대안이 있는가? 이에 대해 저자는 '전인지능'이라고 답한다. 세상은 이제 대학이 왜 존재해야 하느냐고 묻는다. 저자는 이 '전인지능'을 위해 대학이 더 필요하다고 답한다. 이 책은 한 대학교의 탁월함을 들려주는 데 그치지 않는다. 마지막 시대라고 일컫는 지금 모든 지식과 지성 그리고 지능이 무엇을 지향해야 하는지를 경험적이고 구체적인 사례를 통해 펼쳐 보여 준다. 교육·종교·경제·정치·사회 각 분야에서 이 위태로운 세상을 바꾸겠다는 열정으로 애쓰고 있다면 이 책을 정독하길 권한다. 놀랍게도 '전인지능'이라는 새로운 빛을 따라 우리가 모두 함께 갈 수 있고, 또 반드시 함께 가야 한다는 믿음이 솟아난다. 더불어 '남은 자'를 통해 여전히 일하시는 주님의 사랑에 대한 소망이 솟구친다.

조정민(베이직교회 담임목사)

2년 반 전에 충격적인 경험을 했다. 말레이시아 소재 대학교의 총장이 AI 기반 수업을 내 사무실에서 시연했다. 현재 나와 대화하는 사람이 같은 시간에 화면에서 디자인 수업을 토론식으로 진행하는 것이었다. 그와 똑같이 생긴 AI 로봇이 똑같은 목소리로 가르치고 있었다. 요즘은 우리 주위에서 심심치 않게 볼 수 있는 장면이다. 인공지능 기술은 날마다 진보하며 AI 컴퓨터는 이제 세상의 어떤 사람보다도 더 많은 지식과 정보를 가지고 있고, 더 정교한 방식으로 그 지식과 정보를 전달하고 있다. 현재 대학교 졸업자들이 하고 있는 대부분 업무를 AI 로봇이 대신하게 되어 졸업생들의 일자리가 위협받고 있다. 이제 대학은 무엇을, 어떻게 가르쳐야 할지 고민하지 않을 수 없는 상황이 되었다.

한편, 반론도 제기되고 있다. 하나님의 형상으로 창조된 인간을 과연 AI 기계가 대체할 수 있을까? 하나님을 사랑하고 이웃을 사랑하는 마음을 AI가 갖도록 훈련할 수 있을까? 어떻게 하면 사람이 기계처럼 살지 않고 하나님의 형상대로 살 수 있을까? 이런 고민을 하다가 미래 대학이 계속 존재하기 위해서는 대학이 AI를 넘어서는 교육을 해야 한다고 생각하게 되었다. 그리고 내가 섬기는 한동대학교에서 AI를 넘어서는 HI 교육, 곧 전인지능 교육(Holistic Intelligence Education)을 통해 미래 인재를 교육하는 실험을 하겠다고 선언하게 되었다.

그래서 이 책은 아직 완성되지 않았다. 아마도 한동안 진행형일 것이다. 왜냐하면 AI가 어떻게 변화할지 모르기 때문이다. 그러나 한 가지 확실한 것은 AI가 절대로 넘볼 수 없는 인간의 지능, 하나님의 형상을 가진 인간만이 가지는 지능이 있다는 사실이다. 이 지능으로 AI를 동반자 삼아 새로운 미래를 열어 가야 하지 않을까 생각해 본다.

이 책은 대학교 총장으로서 치열하게 고민하는 내용을 있는 그대로 보여 주고자 쓴 것이다. 더불어 나의 개인적인 소회와 회고도 부끄럽지만 소개한다. 왜 이런 고민을 하게 되었는지 독자들에게 알리고 싶기 때문이다.

이 책을 쓰는 데 많은 분이 도움을 주셨다. 우선 내 평생의 멘토이신 고 하용조 목사님과 고 김영길 총장님의 영향을 빼놓을 수 없다. 두 분만큼 내 생각을 정리하는 데 도움을 많이 주신 분들은 없을 것이다. 그리고 한동대학교의 학생들과 동문들이 나를 응원해 주었다. 교수님들과 직원 선생님들이 헌신적으로 섬겨 주었기에 HI 교육이 가능해진 것 또한 부인할 수 없다. 특히 이재훈 온누리교회 위임목사님이자 한동대학교 이사장님이 여러모로 격려해 주심에 감사드린다. 강영안 한동대학교 석좌교수님은 깊이 있는 통찰로 깨우쳐 주시고 격려해 주셨다. 박혜경 학사부총장의 헌신과 수고에도 감사드린다. 더불어 HI 교육의 미래에 대해 함께 고민해 준 이정민 기획처장, 김재효 산학연구처장, 이혜규 교수에게도 감사드린다. 미네르바대학교와의 협력 실무를 맡아 수고해 준 가요한 교무처장과 김세영 교수에게 감사드린다. HI 교육 플랫폼인 HOPE의 개발을 위해 혼신을 기울이는 조윤석 행정부총장에게도 감사드린다. 아울러 HI 교육에 관한 책을 나와 함께 영문으로 준비하고 있는 조준모 교수, 배지연 교수에게도 감사드린다.

무엇보다도 이 글을 읽고 윤문 작업을 해 준 좌민기 쉐어라이프 대표와 조아라 한동대학교 교수의 노고에 깊이 감사드린다. 두 분이 없었다면 아직도 제1장을 쓰며 머리카락을 쥐어뜯고 있을지 모

18

른다. 마지막으로 한동대학교 총장으로 섬기는 남편을 위해 밤낮으로 기도하며 보살펴 준 아내 오순주 권사에게 특별히 감사한다. 그리고 항상 우리의 길을 인도하시는 하나님께 이 책을 바친다.

part 1

AI 시대,
아직 20세기
교육 패러다임인가?

1.

기술은 기하급수형으로,
교육은 선형으로

"미래는 속도가 아니라,
 방향에 응답하는 자의 것"

세상은 정말 많이 변했고 또 변하고 있다.

나는 한국 전쟁의 상흔이 아직 가시지 않았던 시기에 태어나 후진국, 중진국, 선진국의 전 과정을 직접 경험한 세대다. 1인당 국민소득이 고작 70달러였던 시대에 초등학교에 다녔고, 흙먼지가 이는 운동장에서 맨발로 달리며 성장했다. 많은 이가 아침에 먹을 도시락 반찬이 없어 맨밥을 소금에 찍어 먹던 시절이었지만 우리 세대는 배움에 대한 간절함이 있었다. 그 시절 교육은 '배우는 것' 자체가 희망이자 계급 상승을 위한 사다리였다.

대학을 졸업하던 즈음엔 온 나라가 '국민소득 1,000달러', '100억 달러 수출' 같은 구호에 열광하던 시절이었다. 고도성장을 향해 달리던 대한민국은 그야말로 한강의 기적을 눈앞에 두고 있었고, 당시 나는 그 흐름 속에서 유학을 떠났다. 요즘처럼 정보나 자료가 풍부한 시대는 아니었기에 학업이란 결국 시간을 들여 몸으로 부딪치는 일임을 온몸으로 실감하던 때였다.

학위를 마치고 미국에서 교수가 되었다. 뉴욕주립대학교-버팔로를 비롯한 대학에서 연구하고 교육했다. 이때 퍼스널 컴퓨터가 세상에 등장하는 것을 보았고, 몸으로 체험했다. 지금은 박물관에나 있을 법한 5.25인치 플로피 드라이브가 붙어 있는 데스크톱 PC 본체와 모니터는 전기 타자기를 대체했고, 대학교수가 가르치고 연구하는 패러다임을 바꾸기 시작했다. 메인 프레임 컴퓨터에 펀치카드로 입력하던 시절에 프로그래밍을 배운 나는 모든 것이 신기하기만 했다.

그 후 한국에 돌아와 서울대학교 교수로 강단에 섰다. 그때만 해도 이동전화를 손에 들고 다니는 것 자체가 큰 자랑이었다. 우리나라에 처음 도입된 휴대폰은 무게가 700g에 달했고, 길이도 30cm를 웃돌아 '벽돌폰'이라는 별명이 붙을 정도였다. 한 손으로 들고 통화하기엔 무거웠고, 주머니에 넣을 수도 없었다. 게다가 10시간을 충전해도 통화는 고작 30분밖에 되지 않았으며, 이내 방전되기 일쑤였다. 그럼에도 '선 없이 통화할 수 있다'라는 사실 하나만으로 기술의 진보는 경이로움 그 자체였다. 당시에는 휴대폰을 들고 있는 사실만으로도 일종의 상징이자, 신기술에 근접한 표식이었다.

인터넷 역시 일부 연구자와 학자들의 영역이었다. 집마다 인터넷이 깔린 오늘날과 달리 1990년대 중반까지만 해도 이메일이라는 개념조차 대중에게 낯설던 시절이었다. 대학 연구실에 모뎀을 통해 '삐-삐-삐익' 하는 연결음을 듣고야 겨우 인터넷 접속이 가능했고, 인내심이 필요했다.

당시 국내에서 인터넷에 접속하는 방법도 제한적이었다. 한국통신이 운영하던 '하나망', 대학들이 중심이 된 교육전산망(KREN), 그리고 대덕연구단지 내 연구소들이 이용하던 연구전산망(KREONET)

등 세 가지 경로를 통해서만 가능했다. 이들 대부분은 대학, 연구소, 일부 대기업에서만 접속이 가능했고 일반 가정에서는 상상도 하기 어려운 일이었다.

인터넷이라는 개념 자체도 아직은 추상적인 영역에 가까웠다. 인터넷은 캐나다의 SF 작가 윌리엄 깁슨이 1984년 발표한 소설《뉴로맨서(Neuromancer)》에 처음 등장한 '사이버스페이스'라는 거대한 가상의 공간, 곧 새로운 가상 국가였다. 사이버스페이스에서는 사람들이 물리적으로 이동하는 것이 아니라 컴퓨터 통신망을 타고 실제처럼 이동하고 만나는 미래가 그려졌다. 당시로서는 많은 이가 고개를 갸웃했지만, 오늘날의 현실을 예고한 셈이었다.

이렇듯 초창기 인터넷은 대학과 연구기관 중심의 제한된 환경에서만 제공되었다. 그리고 1994년 무렵부터 한국통신이 본격적으로 인터넷 서비스를 일반인에게 개방하면서 대중화의 물꼬가 트이기 시작했다. 물론 초기 인터넷 사용은 여전히 어렵고 느렸으며, 다이얼업 방식으로 연결되던 그 시절에는 전화선을 함께 써야 했기에 인터넷을 쓰는 동안에는 집 전화를 사용할 수 없었다. 모두가 어렴풋이 느끼고 있었다. 시대가 서서히, 그러나 분명히 달라지고 있다는 사실을.

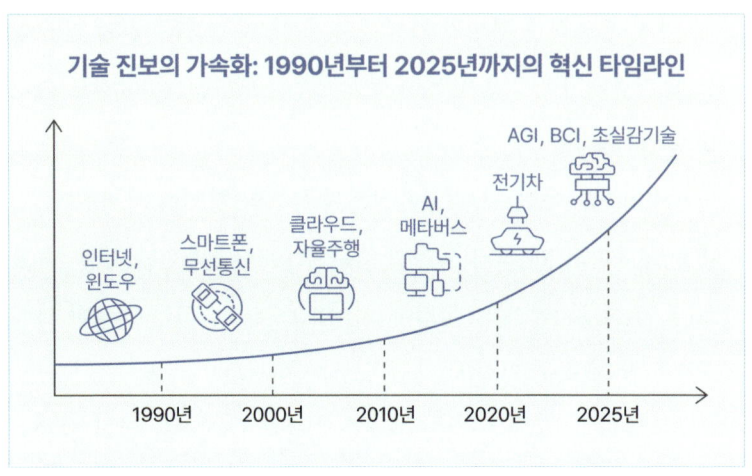

기술 진보의 가속화: 1990년부터 2025년까지의 혁신 타임라인

AGI, BCI, 초실감기술

전기차

AI,
메타버스

클라우드,
자율주행

스마트폰,
무선통신

인터넷,
윈도우

1990년   2000년   2010년   2020년   2025년

그런데 불과 30년 만에 세상이 천지개벽을 했다.

초고속(Hyper-Speed), 초연결(Hyper-Connectivity), 초지능(Hyper-Intelligence) 시대가 도래했고, 기술은 더 이상 느리게 쌓이는 것이 아니라 기하급수적으로 발전하기 시작했다.

2000년대 들어 스마트폰과 클라우드 기술이 본격적으로 확산되었고, 2010년대 중반부터는 빅데이터와 알고리즘 기술이 폭발적으로 성장하면서 '인공지능(AI)'이라는 이름이 서서히 일상 속으로 스며들기 시작했다. 특히 2022년 말, 생성형 인공지능 ChatGPT가 등장하면서 AI는 더 이상 연구실 속 기술이 아닌 누구나 사용하는 생활 도구로 자리 잡았다. AI는 이제 인간의 기억과 계산은 물론 일정 부분의 창의적 사고까지 대신할 수 있을 만큼 발전하고 있다.

이처럼 AI와 데이터 사이언스 등 정보통신 기술의 눈부신 발전은 불과 30년 전에는 상상조차 하기 어려웠던 새로운 일상을 만들어 냈다. 과거에는 도서관에서 자료를 찾고 사람을 만나기 위해 직접 약속을 잡아야 했다. 그러나 지금은 검색창에 질문을 입력하면 단 몇 초 만에 원하는 정보를 얻을 수 있고, 영상 통화로 세계 누구와도 실시간으로 연결된다. 온라인 강의와 화상 회의, 음성 인식 서비스, 자동 번역 등은 이미 많은 사람의 일상 깊숙이 들어와 있다. 이제 기술은 '도구'가 아니라 인간 활동의 거의 모든 영역에 침투한 '환경' 자체가 되어 가고 있다.

이러한 기술의 발전을 가능하게 한 핵심에는 AI와 데이터 사이언스의 급격한 진보가 있다. AI는 인간의 인지 능력 일부를 모방하고 데이터를 분석해 예측과 판단을 수행하며, 기존에는 수작업으로 처리해야 했던 업무들을 자동화시켰다. 특히 머신러닝과 딥러닝 알고리즘이 발전하면서 AI는 단순 반복 작업뿐 아니라 패턴을 스스로 학습하고 창의적인 결과물을 만들어 내는 수준까지 도달했다. 데이터 사이언스는 AI의 기반이 되는 엄청난 양의 데이터를 수집·정제·분석하는 기술로 과거에는 접근조차 어려웠던 통찰을 우리 앞에 펼쳐 보인다.

그 결과, 지식의 축적은 이제 점진적인 단계가 아니다. 예전에는 새로운 이론이나 정보가 전파되기까지 수년이 걸렸다면 지금은 실시간으로 전 세계에서 수많은 지식이 생성되고 공유된다. 개방형 정보 열람(Open Access, 오픈 액세스) 학술 플랫폼, 위키 기반 백과사전, 유튜브 강의, 온라인 코딩 학습 서비스 등은 누구나 지식을 생산하고 소비할 수 있는 생태계를 만들었다. 정보의 생산과 소비가 동시에 이루어지며 그 양은 기하급수적으로 늘어나고 있다. 이제 중요한 것은 단순히 '지식을 아는 것'이 아니라 '어떤 지식을 선택하고 어떻게 활용할 것인가'의 문제다.

2.

세상을 연결하는 열쇠, 융복합적 사고

"기술은 날고 있는데,
 교육은 걷고 있다"

대학은 무엇을 위해 존재하는가?

19세기 영국의 교육자이자 신학자인 존 헨리 뉴먼은 산업혁명이라는 거대한 전환기의 한가운데서 교육의 본질을 되묻는 목소리를 냈다. 급속한 기술 발전과 경제 성장, 계층 이동의 욕망 속에서 교육은 점점 더 실용성과 기술 중심으로 흐르고 있었다. 뉴먼은 이에 맞서 진정한 교육은 인간 정신의 통합적 성장에 있으며, 대학은 보편적 지식을 위해 사고를 함양하는 장이 되어야 한다고 강조했다. 그리고 그의 저서 《대학의 이념(The Idea of a University)》은 지금도 교육의 본질을 묻는 고전으로 읽힌다.

당시 영국과 우리가 지금 겪고 있는 현실은 과연 다르다고 할 수 있을까? 급변하는 사회 속에서 사람들은 교육을 '더 좋은 직장에 가기 위한 수단'으로 여기기 시작했고, 대학은 '전문 자격증'과 '고소득 직업'을 얻는 관문으로 전락했다. 뉴먼은 당시 유사한 세상을 경험할 때 '교육이 인간을 형성하는 지적 여정'이라는 본래의 의미를 잃어버릴까 우려했다. 그는 지식의 단편을 많이 아는 사람보다 앎과 삶을 일치시키는 사람을 진정한 지성인으로 보았기 때문이다.

비슷한 시기, 유럽의 또 다른 지성적 전통 속에서도 '대학은 무엇을 위해 존재하는가?'라는 근본적 물음이 제기되었다. 네덜란드의 신학자이자 정치가였던 아브라함 카이퍼는 1880년 암스테르담 자유대학교(Vrije Universiteit Amsterdam)를 설립하며, 모든 학문과 삶의 영역은 하나님의 주권 아래 있다는 신념을 교육의 기초에 두었다. 그는 지식의 축적만으로는 참된 교육이 완성될 수 없다고 보았다. 교육은 인간의 지성을 연마하는 과정에 머무르지 않고, 의지와 감정, 신앙을 아우르는 전인적 성숙의 과정이 되어야 한다고 강조했다.

카이퍼는 이를 "모든 영역에서 그리스도의 주권을 인정하며, 각 영역이 하나님께서 주신 고유한 사명을 충실히 수행하도록 돕는 일"이라고 정의했다. 이러한 관점에서 대학은 직업인을 양성하는 곳이 아니라, 하나님 나라의 가치로 세계를 섬길 수 있는 전인적 인격과 공적 책임을 지닌 시민을 길러 내는 장이었다. 뉴먼이 '지성의 함양'을 강조했다면, 카이퍼는 여기에 '문화적 사명'을 결합시켰다. 두 사람의 통찰은 시대와 전통을 넘어 오늘날 AI 시대의 교육이 회복해야 할 핵심 방향을 비추고 있다.

그렇다면 지금 마주한 AI 시대의 교육 선상에서 우리는 바로 뉴먼의 질문을 다시 떠올려 보게 된다. 진정으로 대학은 무엇을 위해 존재해야 하는가?

기술은 상상을 초월할 만큼 빠르게 발전하고 있으며 우리의 일상은 이미 다양한 혁신 기술에 둘러싸여 있다. 그러나 교육은 여전히 속도를 따라가지 못하고 있다. 흔히 회자되는 말처럼 '19세기 학교에서 20세기 교수가 21세기 학생을 가르친다.' 이는 단순한 풍자가 아니라 오늘날 교육의 정체된 현실을 날카롭게 드러낸다. 낡은 교실에서 정해진 지식을 암기하고 시험을 통과하는 방식으로는 미래 사회의 문제를 해결할 수 없는 것이다.

지금 우리에게 필요한 것은 산업화 시대의 대량 생산형 교육이 아니다. 정답을 빠르게 말하는 사람보다 질문을 제대로 던지고 연결하며 새로운 것을 만들어 낼 수 있는 인간을 양육하는 교육으로의 전환이 절실하다. 교육의 목표는 지식의 양을 늘리는 데 있지 않다. 변화에 민감하고, 협업하고, 스스로 학습할 수 있는 인재를 길러 내는 방향으로 나아가야 한다.

이러한 시대적 불균형은 미국 칼럼니스트 토머스 프리드먼이 제시한 '기술 변화의 속도와 인간의 적응력' 그래프에서도 잘 나타난다. 기술이 기하급수적으로 발전하며 수직 상승 곡선을 그리는 반면, 인간과 제도는 완만한 선형 그래프를 따라가고 있다. 두 곡선 사이의 간극은 점점 더 벌어지며 결국 '따라잡을 수 없는 차이'를 만들어 낸다. 이 괴리를 줄이지 못한다면 기술은 날아가고 인간은 제자리걸음을 반복하는 '속도 차이의 비극'을 피할 수 없을 것이다.

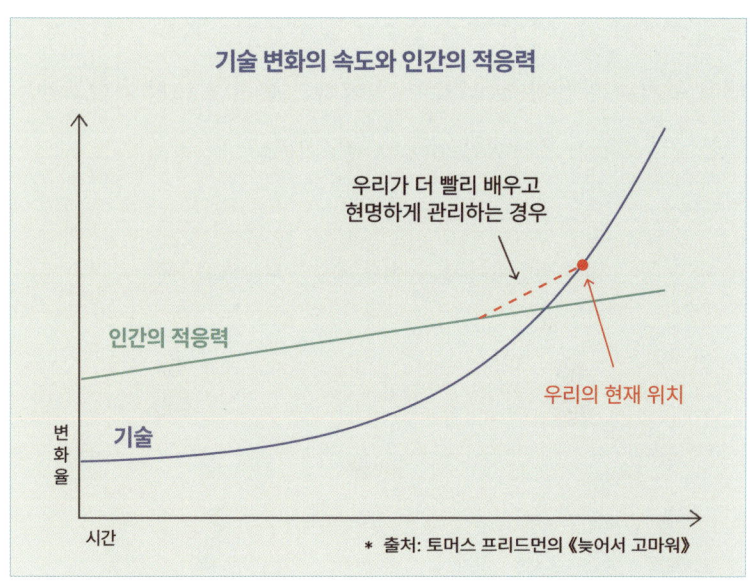

기술 변화의 속도와 인간의 적응력

우리가 더 빨리 배우고
현명하게 관리하는 경우

인간의 적응력

우리의 현재 위치

기술

변
화
율

시간

* 출처: 토머스 프리드먼의 《늦어서 고마워》

　지식의 유효 기간이 짧아지고 있다는 사실은 간극을 더 명확하게 드러낸다. 특히 IT 분야에서는 지식의 반감기가 반년도 채 되지 않는다는 말이 과장이 아니다. 논문 한 편을 완성해 학술지에 게재하고 심사받는 사이, 현장에서는 이미 새로운 기술이 등장하고 기존 개념은 이미 낙후된 지식으로 치부된다. 그래서 오늘날 많은 전문가가 "이제는 학술지 논문보다 콘퍼런스에서 발표되는 논문이 더 중요하다"라고 말한다. 연구 현장의 최신 흐름을 가장 빠르게 공유할 수 있기 때문이다.

　이처럼 지식의 생산과 소멸이 빠르게 이루어지는 시대에 한 명의 교수가 특정 학문 분야의 흐름을 전부 따라가며 교육 콘텐츠를 갱신하고 학생을 이끈다는 것은 사실상 불가능에 가깝다. 이제 교수는

'절대 지식의 전달자'가 될 수 없으며 교수 중심의 강의실은 점점 시대에 뒤처진 공간이 되고 있다. 변화하는 환경 속에서 대학교육도 근본적인 전환이 불가피한 상황이 된 것이다.

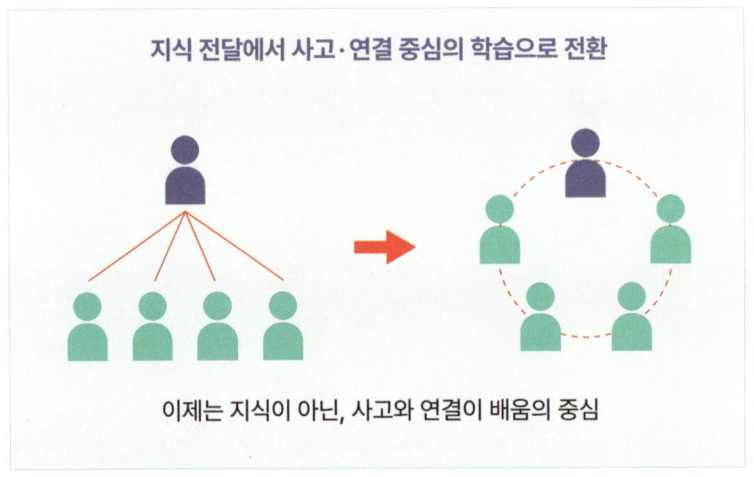

한편 오늘날의 학문 지형도 빠르게 바뀌고 있다.

새롭게 등장하는 전공 분야가 있는가 하면, 변화하는 사회의 수요에 맞지 않아 점차 도태되는 분야도 있다. 예를 들면, '인공지능 윤리, 데이터 사이언스, 지속 가능 경영' 같은 학문은 불과 10-15년 전만 해도 전통적인 대학 커리큘럼에서는 찾아보기 어려운 영역이었다. 반대로 일부 고전 학문은 사회적 관심과 실용성의 저하로 축소되거나 학제 내 통합 과정을 겪고 있다.

이와 함께 전공 간의 경계도 점점 더 흐려지고 있다. 과거에는 뚜렷이 구분되던 '공학'과 '인문학', '예술'과 '사회과학' 같은 영역이 이제는 서로 영향을 주고받으며 융합되고 있다. 게다가 현대 사회가 마주한 문제들은 하나의 전공 지식만으로는 접근조차 어려운 경우가 많다. 예를 들어 기후 변화, 인공지능, 고령 사회, 감염병 대응, 도시 재생 같은 주제들은 기술과 정책, 윤리와 문화가 얽힌 복합적 문제다. 단일 학문으로는 해법을 제시하기 어려운 것이다.

대표적인 사례가 '스마트 그린 시티(Smart Green City)' 프로젝트다. 겉보기엔 도시 계획과 정보통신 기술의 결합처럼 보이지만 그 안에는 건축학, 환경공학, 빅데이터 분석, 교통공학은 물론이고 시민의 삶과 밀접한 사회복지학, 심리학, 행정학까지 포함된다. 인공지능이 데이터를 최적화하고 센서가 에너지 소비를 실시간으로 조절하는 기술은 기술자의 몫일 수 있지만, 모든 것이 실제 시민의 삶에서 어떻게 받아들여질지는 사회적 합의와 문화적 이해가 동반되어야 한다. 이는 모두 다양한 전공 분야가 유기적으로 협력하지 않고서는 설계조차 어려운 일이다. 결국 문제 해결의 실마리는 융합된 지식과 협업 구조에서 시작된다.

또 하나 익숙한 예는 코로나19 팬데믹 당시 마주한 마스크 착용 논쟁이다. 바이러스 확산을 막기 위해서는 전염병학, 역학, 공공보건이 기반이 되어야 했지만, 실제로 사람들의 행동을 변화시키는 데는 심리학, 커뮤니케이션학, 사회학이 큰 영향을 미쳤다. 과학적 근거만으로 모두가 설득되는 것은 아니었다. 기술과 과학, 제도와 사람 사이의 간극을 메우는 데는 다양한 전공의 협업과 통찰이 필요했다.

이처럼 현실의 문제가 복합적이고 예측 불가능한 방식으로 얽혀 있는 시대에는 교육 역시 새로운 방향으로 전환되어야 한다. 단일 전공 지식만으로는 문제의 핵심을 파악하기 어렵고 해결책을 설계하는 데도 한계가 분명하다. 다양한 분야의 관점을 엮고 기존의 틀을 넘나들며 사고하는 능력, 바로 '융복합적 지식(Transdisciplinary Knowledge)'이 교육의 중심에 자리해야 하는 이유다. 단순히 여러 전공을 병렬로 나열하는 것이 아니라 경계의 관계를 이해하고, 필요하다면 경계를 허물어 통합적으로 접근할 수 있는 유연성과 창의력이 요구된다. 물론 전제는 지금 우리가 살아가는 세계가 마주한 구체적이고 현실적인 문제들을 정면으로 인식하는 것이 선행되어야 한다.

그렇다면 우리는 다시 처음의 질문으로 돌아오게 된다. 대학은 무엇을 위해 존재하는가?

존 헨리 뉴먼이 말한 것처럼 대학은 전반적이고 총체적인 교육을 통해 통합하는 시각을 갖게 함으로써 사유할 수 있는 인간을 기르는 공간이 되어야 한다. 따라서 빠르게 변하는 사회에서 대학이 할 일은 기술이나 지식을 '단기적으로 쓰기 좋은 도구'로 가르치는 것이 아니라, 복잡한 문제 앞에서 생각할 수 있는 토대와 방향감을 제공하는 것이다. 지식을 넘어 사고를 기르고 전공의 울타리를 넘어 인간과 사회, 세계를 연결하는 시야를 열어 주는 것. 이는 뉴먼이 말한 '지성인의 함양'이라는 이념이 오늘날에도 여전히 유효하다는 사실을 보여 준다. 그리고 이것이야말로 오늘날 대학이 회복해야 할 정체성이며 미래 인재에게 반드시 건네야 할 교육의 핵심 가치다.

3.

미래 인재를 만들지 못하는
대량 생산형 교육

"모든 곳이 학교다"

온라인 교육이 대면 교육보다 못하다는 말은 틀렸다.

2012년 미국 샌프란시스코에 설립된 미네르바대학교(Minerva University)는 전통적인 캠퍼스 없이 전 세계 도시를 무대로 학습하는 새로운 형태의 고등교육 기관이다. 학문적 우수성과 실제 문제 해결 능력을 동시에 기르기 위해 소수 정예 학생이 4년 동안 세계 7개 도시(서울, 타이베이, 하이데라바드, 도쿄, 샌프란시스코, 부에노스아이레스, 베를린)를 순회하며 각 지역의 사회·문화적 맥락 속에서 프로젝트 기반 학습을 진행한다.

미네르바대학교의 사례를 보면 캠퍼스 없는 대학이 어떻게 전 세계 학생들과 온라인 세미나 수업을 통해 깊이 있는 사고와 협업 역량을 길러 내는지를 보여 준다. 학생들은 한 도시가 아닌 여러 도시를 이동하면서 현장을 체험한다. 또한 온라인을 통해 토론하고, 실시간 피드백을 받으며 살아 있는 배움을 이어 간다.

한편 우리나라에서도 점점 확산되고 있는 거꾸로 교실(Flipped Classroom) 사례는 온라인으로 미리 학습하고, 교실에서는 토론과 실습 중심으로 진행함으로써 학생 주도적 교육의 실현 가능성을 보여 준다. 이러한 수업 방식은 학생들이 지식 수용자가 아니라 능동적인 탐구자이자 문제 해결자로 성장하도록 유도한다. 실제 서울대학교, KAIST, 고등학교 혁신학교 등에서 다양한 교과목에 거꾸로 수업을 도입해 교육 효과를 입증하고 있다. 이제는 교실의 경계를 뛰어넘어 어디서든 학습할 수 있는 시대가 열린 것 아닐까?

'Learning from everywhere', 언제 어디서든 학습이 가능한 환경은 더 이상 미래형 상상이 아니다. 실제로 수억 명이 넘는 전 세계 고등교육 수요 인구를 수용하려면 매주 미시간대학교 규모의 캠퍼스를 세 곳씩 세워야 한다는 분석이 있을 정도다. 이는 물리적·재정적 한계를 고려할 때 사실상 불가능한 과제다. 결국 온라인 교육은 보완적 수단이 아닌 글로벌 교육 시스템의 필수 인프라로 자리 잡고 있다. 인터넷과 디지털 기술의 비약적인 발전은 지리적 제약을 넘어선 학습을 가능케 했고, 특히 저개발국가나 오지에 거주하는 학생, 혹은 경제적·신체적 제약으로 전통적인 교육 접근이 어려운 이들에게 새로운 기회를 제공하고 있다.

예컨대 아프리카 일부 지역에서는 NGO와 협업한 원격 학습 프로그램을 통해 안정적인 교육을 받지 못하던 아이들이 태블릿 하나로 미국 소재 대학의 강의를 실시간으로 듣고 AI 튜터의 피드백까지 받을 수 있게 되었다. 국내에서도 장애 학생이나 병원에 입원 중인 학생들을 위한 온라인 수업 시스템이 도입되어 교실 밖에서도 배움의 권리가 실현되고 있다. 이러한 변화는 '교육이 특정 공간에서만 일어나야 한다'라는 고정관념을 근본적으로 흔들고 있다.

하지만 이것이 다시 대형 강의 중심의 대량 생산형 교육으로 회

귀해야 한다는 뜻은 아니다. 오히려 그 반대다. 산업화 시대에는 물리적 제약으로 인해 대규모 강의실에서 교수가 일방적으로 정보를 전달하는 강의 방식이 불가피했다. 하지만 지금은 AI 기반 진단 시스템, 학습자 맞춤형 콘텐츠, 실시간 상호작용이 가능한 플랫폼 덕분에 개인별 학습 수준에 맞춘 정교한 교육 설계가 가능해졌다. 예를 들어 미국의 플랫폼 Coursera나 edX, Khan Academy, 국내의 K-MOOC, 클래스101 등은 기초 학습부터 고급 전문교육까지 학습자 맞춤형 커리큘럼을 제공하며, 학습 진행률과 이해도를 실시간으로 분석해 개인 피드백을 제공한다. 이는 과거의 한 방향 전달식 교육과는 전혀 다른 양상의 진화된 교육 생태계다.

그럼에도 여전히 일부 대학에서는 과거의 대량 생산형 교육 방식을 반복하고 있다. 강의실은 점점 더 커지고 수강생은 많아졌지만, 학생 개개인은 더 고립되고 있다. 수업은 녹화된 강의 영상으로 대체되고 교수와 학생 간의 실질적인 소통은 줄어든다. 학생의 수준이나 관심도는 고려되지 않은 채 정해진 커리큘럼만 따라가야 하는 시스템 속에서 교육은 점점 표준화되고 학생은 학습의 주체가 아니라 소비자로 전락한다. 이런 상황에서는 지식의 습득은 이루어질 수 있을지 몰라도 진정한 의미의 성장과 사고력 향상은 기대하기 어렵다.

지금 필요한 것은 기술을 활용한 새로운 교육의 틀을 적극적으로 모색하고 학생이 중심이 되는 교육철학을 정립하는 일이다. 디지털 기술은 도구일 뿐 도구를 어떻게 활용하느냐에 따라 교육의 본질은 전혀 다른 모습이 된다. 이제는 교육 기관도, 교사도, 정책도 과거의 틀을 벗어나야 한다. '어디서나 배우는 시대'에 맞는 교육의 근본적 혁신이 요구되는 시점이다.

오늘날 대학의 목표는 '모두에게 똑같이 가르치는 것'이 아니라 '각자에게 다르게 배울 기회를 제공하는 것'이어야 한다. 산업화 시대의 표준화된 강의 모델은 지식의 대량 전달에는 유효했을지 몰라도 오늘날처럼 복잡하고 빠르게 변화하는 사회에서는 더 이상 효과적이지도 지속 가능하지도 않다. 이제는 모든 학생이 같은 교재를 펴고 같은 시간에 같은 강의를 듣는 구조보다 각자의 관심사와 역량, 속도에 맞춰 배울 수 있는 유연한 교육 환경이 필요하다.

학생들은 수동적 청중이 아니라 능동적 참여자이며 공동 창조자다. 따라서 교육은 '어떻게 더 잘 가르칠까?'의 문제가 아니라 '어떻게 더 다양하게 배울 수 있을까?'라는 질문으로 전환되어야 한다.

특히 대학은 이제 지식만을 제공하는 곳이 아니다. 비판적 사고를 기르고 문제를 정의하고 타인과 협력하는 방식을 체득하는 배움의 생태계로 거듭나야 한다. 예를 들어 국내외 대학에서는 전공 경계를 넘나드는 프로젝트 수업, 지역 사회와 연계한 사회 문제 해결형 수업, 기업과 협업한 실무형 캡스톤 디자인 등이 확산되고 있다. 학생들은 문제를 스스로 정의하고 동료와 논의하며 실제 사회와 연결된 경험을 통해 배운다. 이는 지식의 소유가 아니라 질문의 역량, 즉 탐색하고 연결하는 힘을 기르는 과정이다.

이처럼 오늘날의 교육은 정답을 주는 것이 아니라 질문을 여는 것이 되어야 한다. 대학은 지식을 복제하는 공장이 아니라 질문이 오가고, 생각이 진화하며, 배움이 서로 연결되는 생태계가 되어야 한다. 서로 다른 출발점에 선 학생들이 저마다의 방식으로 배우고 성장할 수 있도록 교육은 더 유연하고 더 맞춤형이며 더 상호작용적이어야 한다.

그것이 진정으로 미래 인재를 위한 교육의 방향이며, 대학이 회복해야 할 '새로운 교실'의 모습이다. 이제는 벽돌로 쌓은 교실이 아니라 연결된 마음과 사고가 진짜 배움의 공간이 된다.

4.

인간다움이 사라진
대학교육

"기술이 만든 빛과 그림자"

AI와 알고리즘이 교단에 서는 시대다.

최근 2025년 5월 시행한 인사이드 하이어 에드(Inside Higher Ed)의 설문조사에 따르면 미국 대학 최고기술책임자(CTO)의 54%가 "학생들이 온라인 및 하이브리드 수업을 선호하는 비율이 팬데믹 이후에도 꾸준히 증가하고 있다"라고 답했다. 같은 조사에서 67%는 "온라인 수업에 최적화된 플랫폼과 콘텐츠 개발에 학교 예산이 확대되고 있다"라고 밝혔다. 이는 비대면 학습을 보완하는 수준의 차원을 초월해 교육 패러다임 자체가 장기적 변화를 맞이하고 있다는 방증이다.

십수 년 전, MIT와 하버드대학교가 시작한 MOOC(Massive Open Online Courses, 대규모 공개 온라인 강의)는 교육계에 큰 파장을 일으켰다. 누구나 시간과 장소에 구애받지 않고 세계 최고 수준의 강의를 들을 수 있다는 발상은 '교육의 민주화'라는 이상을 구체화했다. 당시 'CS50'(하버드 컴퓨터과학 입문 강좌)과 같은 대표 강의는 수십만 명이 동시에 수강했다. 아프리카의 한 청년이 인터넷 카페에서 강의를 듣고 스스로 코딩을 배워 취업에 성공한 이야기는 많은 사람에게 감동을 주었다. MOOC는 대체제가 아닌 기존 대학교육의 한계를 돌파하는 대안으로 떠올랐다.

이러한 흐름은 'OCW(Online Courseware)'로 이어지며 전통적인 강의실의 개념을 근본적으로 바꾸었다. 더는 칠판 앞에 선 교수와 수동적으로 듣는 학생만이 '교육의 기본 단위'가 아니었다. 예를 들면, 거꾸로 수업(Flipped Learning)을 시도했던 한 고등학교에서는 학생들에게 온라인 강의를 미리 시청하게 한 뒤 교실에서 실제 문제 해결 활동과 토론 중심으로 수업을 진행했다. 이는 학생들의 참여도와 학습 몰입을 높였고, 교사는 더 깊은 질문을 유도하거나 피드백을 제공하는 멘토로서 역할을 수행할 수 있었다. 단순히 '지식의 이전'이 아닌, '이해와 응용의 확장'이 가능해진 것이다.

최근에는 인공지능의 발전이 교육 모델을 더 정교하게 만들고 있다. AI는 학생의 수준과 패턴을 분석해 개인별 맞춤 콘텐츠를 제공하며, 학습이 지연되거나 집중력이 떨어지는 시점도 예측해 코칭을 제공한다. 실제로 나는 지난해 한 국내 플랫폼에서 '데이터 분석' 수업을 들으며 AI가 추천하는 보충 강의를 들은 경험이 있다. 수업 중간에 이해도가 낮았던 개념이 실시간 분석되어 관련 자료를 자동으로 제공받았고, 이 과정이 반복되면서 스스로 학습하는 리듬이 생겼다. 이런 방식은 기존 교육에서 느끼기 어려웠던 '나에게 최적화된 배움'이 가능함을 실감하게 했다.

한편 기술의 진보가 교육의 새로운 가능성을 열어 주었음에도 대학교육 현장에서는 점차 '인간다움'이 사라지고 있다는 우려의 목소리도 커지고 있다. 특히 지식 전달의 상당 부분이 AI 기반 플랫폼을 통해 이뤄지면서 인간과 인간 사이의 교육적 상호작용(질문과 응답, 공감과 논쟁, 관계를 통한 성장)은 점점 주변부로 밀려나고 있다. 한 대학의 AI 기반 튜터링 시스템 사례에서는 교수와 학생 간 대면 소통이 거의 사라지고, 학생들은 주어진 콘텐츠를 따라가며 AI의 피드백만으로 과제를 완수하고 있었다. 겉보기엔 효율적이지만 '사람'은 점점 사라지고 있었다.

이 같은 환경 속에서 인간성, 시민성, 공동체성 같은 교육의 가치가 경시되고 있다. 어느 날 학생 한 명이 찾아와 들려준 이야기가 있다. 한 온라인 강의를 수강하며 과제를 제출할 때의 일이었다. 낯선 플랫폼에서 '도움말 버튼'을 누르자 예상과 달리 조교도 교수도 아닌 챗봇이 등장해 모든 피드백을 제공했다고 했다. 정답을 알려 주는 데는 문제가 없었지만, 학생의 고민이나 맥락에 대한 이해 없이 정형화된 답변만 반복되자 무언가 허전하고 고립된 느낌이 들었다고 했다. 빛이 있으면 그림자가 있듯이 기술의 이점에도 분명 부작용이 있다고 볼 수 있다.

이처럼 기술 중심 교육은 정보 전달에는 능할지 모르지만, 인간과 사회를 연결하는 감정적·윤리적·철학적 요소를 충분히 담아내기는 어렵다. 더 큰 문제는 이러한 흐름이 학생들의 학습 태도와 정체성에도 영향을 준다는 점이다. 기술에 과도하게 의존한 학습은 주체적인 탐구보다는 빠른 답을 찾는 습관을 강화하고 타인과 함께 고민하며 성장하는 과정을 생략하게 만든다. 교육의 방향이 인간의 성장보다는 효율성에 초점을 맞추면 결국 학생들은 학습의 가치를 놓치고 만다.

애플 CEO 팀 쿡은 "기계가 사람처럼 생각하는 것은 두렵지 않다. 오히려 사람이 기계처럼 생각하게 되는 것이 진짜 두렵다"라고 말한 바 있다. 기술의 지능은 언젠가 인간의 능력을 능가할 수 있겠지만 인간이 감정과 윤리, 관계의 깊이를 잃은 채 컴퓨터처럼 사고하고 행동하게 된다면 사회는 지속 가능하지 않다는 것이 그의 핵심 우려다. 이 통찰은 인공지능 시대의 교육이 왜 더욱더 인간 중심적이어야 하는지를 강하게 시사한다.

오늘날의 흐름은 기술이 사람을 보조하는 도구로 머무는 것이 아니라 오히려 인간이 기술의 효율성에 맞춰 '조정'되는 방향으로 움직이고 있다. 교육 역시 이 영향을 벗어나기 어렵다. 성찰 없는 정답 추출, 감정 없는 협업, 속도만 강조된 과제 해결은 결국 학습을 '사람을 기르는 일'이 아닌 '기계적 처리'로 전락시킬 위험을 안고 있다. 지금 우리는 교육이 기술의 진보를 추종할 것인지 혹은 기술 속에서도 인간다움을 지켜 낼 것인지를 결정해야 하는 중요한 갈림길에 서 있다.

예컨대 과제를 빠르게 완수하기 위해 AI가 생성한 글을 그대로 제출하는 학생과 자기 생각을 끝까지 다듬어 토론에 참여하는 학생의 차이는 교육이 지켜야 할 가치를 드러낸다. 교육은 더 많이, 더 빠르게가 아니라 더 깊이 있게 사고하고 더 관계적으로 살아가는 법을 가르쳐야 한다. 결국 교육은 인간이 기술을 사용하는 주체로서 살아가도록 돕는 일이며, 방향을 놓친다면 우리 사회는 점점 더 차갑고 자동화된 시스템 속에서 관계와 연대의 온기를 잃게 될 것이다.

한편 기술의 발전이 우리 삶을 더 편리하게 만들어 줄 것이라는 기대와 달리 우리는 지금 극심한 변동성과 불확실성에 노출된 시대를 살고 있다. 기후 위기, 팬데믹, 인공지능의 급격한 확산, 전쟁과 경제위기까지 우리는 하루가 다르게 바뀌는 세계 속에서 '안정'이라는 개념 자체를 되묻게 된다. 예측 가능한 경로와 명확한 기준이 사라진 사회에서는 과거의 지식이나 경험이 더는 유효하지 않은 경우가 많다. 세상의 현상은 선형적으로 설명되지 않고 문제들은 서로 얽혀 복잡성과 모호성을 더한다. 이른바 'VUCA 시대'가 도래한 것이다.

'VUCA'는 Volatility(변동성), Uncertainty(불확실성), Complexity(복잡성), Ambiguity(모호성)의 머리글자를 딴 용어로, 군사 전략에서 시작되어 현재는 경영, 정책, 교육 등 다양한 분야에서 사용된다. 실제로 기업 인사담당자들은 이제 '정답을 아는 인재'보다 '불확실한 상황에서 판단하고 협업할 수 있는 인재'를 우선시한다. 교육도 마찬가지다. 서울의 한 대학에서는 최근 '문제 해결 역량'과 '시나리오 기반 사고력'을 평가하는 새로운 교양 과정을 도입했다. 학생들은 현실에 존재하지 않는 복합적인 문제를 설정하고 팀을 구성해 해결 방안을 탐색한다. 정답은 없고 중요한 것은 과정과 협력의 깊이다.

나 또한 VUCA 개념을 언급했을 때 학생들이 처음에는 생소해했다. 그러나 점차 '우리가 지금 살고 있는 현실'임을 체감하는 모습을 보며 인상 깊었던 경험이 있다. 어떤 학생은 "뉴스만 보면 세상이 무너질 것 같다. 내일이 어떻게 될지 모른다"라고 말했고, 또 다른 학생은 "그래서 더 배워야 하는 이유를 알 것 같다"라고 했다. 바로 이 지점에서 교육이 지향해야 할 방향이 드러난다. 불확실한 세상을 살아갈 힘을 기르는 것. 지식을 확장해 성찰하고 연결하고 판단하는 힘. 지금 대학은 그러한 배움의 공간이 되어야 한다.

이런 대학이 미래 대학의 모습이다. 방향을 잃은 사회가 마땅히 나아가야 할 길을 보여 주는 대학, 그리고 그 대학에서 교육받은 학생들이 필요하다. 요즘 사회에서는 대학 입시 과열, 특히 의대 열풍, 취업 경쟁에 대한 논란이 계속 확산하고 있다. 그러나 입시와 취업 문제가 해결된다고 우리 대학이 가진 후진적 취약성이 사라지지는 않는다. 새로운 교육 모형으로 무장된 대학이 나타나야 한다. 이런 대학을 통해 지식이 만들어지고 인재가 양성된다면 교육의 판도가 바뀔 것이다. 입시나 채용 시장의 기존 질서가 바뀔 것이다. 기업들이 새로운 모습의 인재를 원하고, 대학들이 그런 인재를 교육해 낸다면 기존의 대학 서열은 무너지고 수도권이나 지방의 대학 모두 인재 양성을 위한 공정한 경쟁을 하게 되어 지역 소멸의 위기를 극복하고 교육의 새로운 시대가 열릴 것이다.

5.

교육의 중심,
다시 사람을 세우다

"우리의 방법,
 Holistic Intelligence"

오늘날의 세상은 30년 전과 매우 다르다.

ChatGPT 같은 생성형 인공지능(AI)의 발달로 인간의 지적 노동이 기계로 대체되고 있다. 지식은 한 사람이 통달할 수 있는 범위를 넘어 확장되었고, 대학들은 이러한 변화에 적응하는 데 어려움을 겪고 있다. 많은 직업이 자동화됨에 따라 전통적인 대학교육 고학력자들이 맡아 왔던 일자리가 감소하고 있다. 결과적으로 현재의 대학교육 시스템은 빠르게 변화하는 기술적·사회적 변화 속도를 따라가지 못하는 실정이다.

게다가 현재의 커리큘럼과 교육 방식은 현대 사회에서 요구하는 학제 간 융합 지식을 학생들에게 효과적으로 제공하는 데 적합하지 않다. 고등교육의 분절된 학문적 구조는 창의적이고 비판적인 사고를 저해해 협업과 의사소통 같은 필수적인 기술을 함양하기 어렵게 하기 때문이다. 또한 학생들이 대학에서 습득하는 지식수명주기(KLC: Knowledge Life Cycle) 대부분은 실제 사회로 나와 적용할 수 있을 만큼 오래 유지되지 않는다. 미네르바대학교와 애리조나대학교 같은 일부 혁신적인 대학이 참여 학습 온라인 플랫폼과 글로벌 로테이션 프로그램(GRP: Global Rotation Program) 및 하이터치 하이테크(HTHT:

High-Touch High-Tech) 학습 등 혁신적인 교육 모델을 채택했지만, 대부분 대학은 여전히 빠르게 변화하는 오늘날의 요구를 충족하지 못하는 20세기 교육 모델에 의존하고 있다.

더 나아가 몇몇 기독교 교육기관을 제외한 대부분 대학은 AI 시대에 더 중요해지는 전인 교육을 강조하지 않고 있다. 많은 교육기관이 도덕적 책임감과 공동체 의식을 키우기보다는 자기중심적인 'Me-First'의 태도를 키우는 데 기여하고 있다. 고등교육이 이러한 방향으로 계속된다면 전 사회적 공통의 목적의식과 단절된 학생들이 배출되며 사회는 더 분열되고 이기적인 방향으로 나아갈 위험이 있다.

그럼에도 희망은 있다. 지금의 기독교 대학들은 모범을 보일 특별한 기회를 갖고 있다. 기독교 사학은 예수 그리스도의 겸손과 지혜, 섬김의 마음을 바탕으로 신앙에 기반한 리더십을 우선시한다. 지적 능력뿐 아니라 도덕적·영적 성품을 개발하는 전인적인 교육에 중점을 둠으로써 졸업생들이 긍휼의 마음과 인테그리티(Integrity), 성실성을 가지고 세상에 참여할 수 있도록 도울 수 있다. 기독교 교육은 성경에서 권장하는 가치들(빌 2:3-4)에 따라 정직, 인테그리티, 긍휼, 존중, 책임감과 같은 글로벌 시민성을 강조해야 한다.

이러한 기독교적 핵심 가치들은 전인적 인재를 양육하는 교육을 지향하는 전 세계의 광범위한 열망과도 부합한다. 유네스코(UNESCO)와 유엔아카데믹임팩트(UNAI: UN Academic Impact) 같은 기관에서도 교육에 대한 총체적인 접근을 요구하고 있다. 이는 오늘날의 세상에서 도덕과 인격적 개발의 필요성에 대한 글로벌 추세와 기독교 기관들이 지향하는 원칙이 일치함을 보여 준다.

한동대학교는 변화하는 시대의 도전에 응답하고자 기독교적 가치를 뿌리로 삼은 전인지능(HI: Holistic Intelligence) 교육 모델을 중심에 두고 고등교육의 새로운 방향을 제시했다. HI 모델은 지식 습득을 넘어 인간의 전인적 성장을 목표로 한다. '지성', '인성', '영성'이라는 세 축을 통합해 인간을 전체적 존재로 바라보는 교육철학을 실천하고 있으며, 특히 기술과 정보가 중심이 된 오늘날의 교육 환경 속에서 깊은 사유와 공동체적 책임을 강조하는 대안적 교육 접근으로 주목받고 있다.

이 철학은 구체적인 교과와 프로젝트에 녹아 있다. 'AI와 윤리'라는 수업에서는 기술 지식뿐만 아니라 인간 중심의 활용, 책임감 있는 판단, 타자와의 관계를 함께 다룬다. 한 학생은 '노인 돌봄용 챗봇'을 기획하면서 기능 중심의 설계보다 '혼자 계신 어르신에게 정서적 온기를 전할 수 있는 대화'를 핵심으로 두었다. 또 다른 수업에서는 국제 NGO와 협업해 기술 접근이 어려운 지역을 위한 문제 해결 프로젝트를 진행했으며, 참여한 학생들은 기독교적 섬김의 정신과 연계된 실제적인 문제 해결 경험을 통해 지식과 신앙이 함께 작동하는 배움의 방식을 체득했다.

무엇보다 HI 모델은 학생들로 하여금 '나의 성공'이 아니라 '이웃과 공동체를 위한 기여'를 고민하게 만든다. 이는 도덕적 이치의 강조가 아니라 하나님 나라의 관점에서 교육이 회복해야 할 본질이기도 하다. '타자를 향한 배움, 타인을 위한 기술, 그리고 하나님을 위한 삶'이라는 가르침은 한동대학교 학생들에게 삶의 방향이 되고 있다. 나 역시 한동대학교에 있으면서 교육의 영향을 깊이 실감한 바 있다. 세상의 중심에서 경쟁하기보다는 변방에서 의미를 찾고, 결과보다 사람을 존중하며 살아가는 행위. 이러한 태도는 지금도 내 일상과 선택을 이끄는 가치가 되었다. 그리고 바로 이것이 한동대학교가 지향하는 HI 교육의 힘이며, 우리가 다시 회복해야 할 교육의 얼굴이다.

세계시민교육의 산실, 한동대학교 반기문 글로벌 교육원

part 2

HI 교육 모형,
한동대학교가
실험하다

6.

학문과 신앙이
만나는 곳에서

"교육의 내일을 보다"

풍요로운 가을, 그날의 대화는 봄처럼 새로웠다.

2018년 10월 하순쯤 우리나라의 여러 대학 총장과 함께 미국 애리조나주립대학교(ASU: Arizona State University)를 방문했을 때다. 그날의 기억은 지금도 내 머릿속에 강하게 남아 있다. 방문은 당시 이주호 전 교육부장관의 주선으로 이루어졌고, 나는 긴 여정에서 오늘날 고등교육이 처한 과제와 미래에 대해 새롭게 눈뜨게 되었다. ASU는 미국 내에서 '가장 혁신적인 대학'으로 여러 해 연속 평가받고 있으며, 기존의 명문 사립대학들과는 전혀 다른 철학과 운영 방식으로 새로운 대학교육 모델을 제시하고 있었다. 무엇보다도 가장 기억에 남는 순간은 ASU 총장 마이클 크로(Michael Crow)와 마주 앉아 나눈 깊이 있는 대화였다.

마이클 크로 총장은 지금의 대학교육은 전례 없는 전환기에 놓여 있다고 진단하며 많은 대학이 여전히 과거의 방식에 안주하고 있는 현실을 날카롭게 지적했다. 그는 "대학이 무엇을 가르칠 것인지를 정하는 시대는 지났다. 이제는 학생이 무엇을 배우고자 하는지를 중심에 두어야 한다"라고 말했다. 교육 수요자인 학생을 중심에 놓는 교육 모델, 즉 학생 주도성과 개인화된 맞춤형 학습의 중요성을 강조한 그의 발언은 교육자였던 나에게 깊은 울림을 주었다. 그는 특히 인공지능(AI), 빅데이터, 클라우드 기술 등 4차 산업혁명 기술을 대학교육에 적극적으로 접목함으로써 각 학생의 수준과 학습 속도에 맞춰 최적화된 콘텐츠를 제공하고 학생이 능동적으로 자신의 배움을 설계할 수 있는 구조를 만들어야 한다고 역설했다.

당시 마이클 크로 총장이 보여 준 교육철학은 이론에 머무는 것이 아니었다. ASU는 이미 수년 전부터 혁신적인 온라인 교육 플랫폼을 구축해 수십만 명의 학생에게 정규 과정을 제공하고 있었다. 또한 미국 내 저소득층, 1세대 대학생, 이민자 가정의 자녀 등 전통적 교육 시스템에서 소외되었던 이들에게도 질 높은 고등교육의 기회를 열어 주고 있었다. 그는 세계적으로 아직도 수억 명이 고등교육에 접근하지 못하는 현실을 지적했다. 물리적 캠퍼스만으로는 수요를 감당할 수 없음을, 대학교육이 온라인 플랫폼을 적극 수용하고 확장해야만 교육의 민주화를 실현할 수 있음을 단언했다. 그의 말에는 교육에 대한 강한 윤리적 책임감과 비전이 담겨 있었다.

짧은 시간이었지만 마이클 크로 총장과의 만남은 교육자가 지녀야 할 미래지향적 안목과 사회적 책임을 깊이 성찰하게 했다. 그는 마치 한 세대 이후의 교육 현장을 미리 보고 있는 사람처럼 말했고, ASU의 실천은 말에 그치지 않고 체계적으로 구현되고 있었다. 당시 나는 우리나라의 많은 대학이 여전히 출석, 성적, 커리큘럼 중심의 전통적 틀을 고수하고 있는 현실을 떠올리며 '교육의 전환'이 더 이상 미룰 수 없는 과제임을 절감했다. 뜨거운 열정과 구조적 실천이 결합된 ASU의 모습은 교육자로서의 내 사명과 방향을 되묻게 했다.

ASU를 방문한 이후 나는 오랫동안 우리나라 대학에도 언젠가는 그런 과감한 혁신이 필요하다고 생각해 왔다. 마이클 크로 총장이 보여 준 비전과 실천, 그리고 대학이 사회적 책무를 어떻게 기술과 연결해 풀어낼 수 있는지를 눈앞에서 직접 목격한 경험은 쉽게 잊히지 않았다. 그는 그저 시스템을 바꾸자는 것이 아니라 '대학의 존재 이유' 자체를 재정의하고 있었다. 그런 대학이 우리나라에도 있으면 좋겠다는 생각이, 그리고 그런 변화를 실제로 일으킬 기회를 내가 얻게 된다면 어떨까 하는 상상이 점점 구체적인 바람으로 자라났다.

그로부터 몇 년 후인 2022년 2월에 나는 한동대학교의 총장으로 취임하게 되었다. 이 선택은 하나님이 예비하신 사명의 자리로 나를 이끄셨다는 확신에 가까웠다. 교육자로서 오랜 시간 품어 온 교육혁신의 비전은 어느덧 이론의 언어를 벗어나 실제 교육 공동체 속에서 구현되어야 할 책임으로 무게를 더해 왔다. 한동대학교는 규모는 작을지 몰라도 하나님 나라의 가치로 세워진 뿌리 깊은 정체성과 더불어 세계를 향한 시야를 가진 공동체였다. 나는 캠퍼스를 하나님이 예비하신 '교육의 밭'으로 여기며 그곳에서 새로운 열매를 맺는 농부의 마음으로 사명을 받아들이고자 했다.

취임사를 준비하는 동안 오랫동안 되새겨 온 성경 구절 하나가 마음에 다시 깊이 박혔다. "너희는 이 세대를 본받지 말고 오직 마음을 새롭게 함으로 변화를 받아 하나님의 선하시고 기뻐하시고 온전하신 뜻이 무엇인지 분별하도록 하라"(롬 12:2). 이 구절은 개인의 경건 생활을 말하는 것뿐만 아니라 시대의 흐름 속에서 하나님의 뜻을 분별하고 새로운 방향을 제시하라는 공동체적 소명을 담고 있다. 당시 한국 사회와 교육계는 이미 많은 변화를 겪고 있었고 대학은 점점 생존과 취업, 경쟁의 논리에 갇혀 가고 있었다. 나는 이 구절을 붙들고 기도하며 하나님이 지금 우리 시대의 고등교육에 무엇을 기대하시는지 묵상했다. 그러자 질문 하나가 나에게 돌아왔다. '지금의 대학이, 하나님이 사랑하시는 세상을 위한 인재를 제대로 준비시키고 있는가?'

이 질문은 일반적인 경영 전략이 아니라 신앙인의 존재 방식에 관한 질문이기도 했다. 세속적 성공이 아니라 섬김을 위한 배움, 개인의 야망이 아니라 공동체적 책임, 성과가 아니라 정직과 성실을 기반으로 한 인격의 성장. 이러한 기준들이 바로 하나님 나라 교육의 핵심 정신이 되어야 했다. 나는 한동대학교에서 이러한 기준을 세우고 실천하는 리더십을 감당하기로 다짐했다. 뒤에 설명할 '학생 중심(Student-First)'이라는 원칙도 그 밑바탕에는 '한 사람 한 사람을 하나님의 형상대로 존중하는 시선'이 담겨 있다. 교실에 앉아 있는 학생들은 하나님이 고유한 목적과 가능성을 부여하신 존재고, 나는 가능성을 발견하고 북돋우는 교육의 사역자로 이 자리에 선 것이다.

7.

세 가지
교육 정체성

"먼저 뿌리내리고, 더 멀리 연결되다"

내가 한동대학교에서 제안한 정체성은 세 가지였다.

첫 번째는 형식적인 선언이나 구호가 아니라 대학의 모든 교육 활동과 문화를 지탱하는 토대로 삼아야 할 중요한 뿌리였다. 바로 '순전한 기독교 대학'으로서의 정체성을 더 단단히 하자는 것이었다. 이는 종교적 정체성을 외형적으로 강화하자는 뜻이 아니다. 하나님의 가르침을 대학의 철학과 교육과정, 캠퍼스 문화, 그리고 행정 운영의 전반에 이르기까지 일관되게 반영하고 실천하겠다는 신앙적 결단이었다.

안타깝게도 기독교 대학이 '기독교'를 이름에 걸고 있으면서도 실제 운영과 방향성에서는 세속적 기준을 따르거나 단순히 채플이나 성경 과목에 그치는 경우가 있다. 그러나 내가 강조한 기독교 대학의 정체성은 이보다 깊은 차원의 것이었다. 단순한 신앙 교육의 일부가 아니라, 지식의 목적, 교육의 방법, 공동체의 가치 기준에까지 기독교 세계관이 살아 있어야 한다는 뜻이었다. 우리가 '배움'을 이야기할 때, 그것이 타인을 위해 사용되는 사랑의 실천이 될 수 있는가? 우리가 '정직'과 '성실'이라는 덕목을 강조할 때, 이는 표면적인 윤리 규범에 이어서 복음의 정신을 닮아 있는가? 이런 물음은 한동대학교가 앞으로 나아가야 할 방향을 구체화하는 데 중요한 나침반이 된다고 보았다.

이 같은 비전을 가장 먼저 공유한 자리는 취임 직후 열린 '교수 수련회'였다. 나는 이 자리에서 '학문과 신앙의 통합'을 주요 화두로 제시했다. '통합'이라는 말은 쉬워 보이지만 현실 속에서는 결코 단순하지 않았다. 교수로서 신앙을 가지는 것과 신앙을 강의와 연구 속에 어떻게 녹여 낼 것인가 하는 문제는 전혀 다른 이야기다. 우리는 토론을 통해 '전공 지식이 신앙을 훼손하지 않으면서도 신앙이 전공의 깊이를 더 풍성하게 할 수 있을까?'라는 도전적인 질문을 나눴다. 예컨대 경영학에서는 정직과 투명성이 단지 윤리 강령이 아니라 하나님 나라의 가치를 반영하는 경영 철학이 될 수 있어야 한다. 사회복지학에서는 연민과 정의의 실천이 성경적 사랑의 표현이 되어야 하고, 과학기술 분야에서는 인간 중심성과 창조 질서에 대한 이해가 기독교적 사유와 만나야 한다.

토론에 참여한 교수 중 다수는 학생의 인격 형성과 학문적 탁월성이 모순되지 않는다고 입을 모았다. 실제로 어느 인문학 수업에서는 '공감'을 주제로 한 토론 활동이 학생들의 영적 감수성과 맞닿아 깊은 반응을 이끌어 냈다고 했다. 또 다른 수업의 과제에서는 성경 구절을 인용한 에세이를 허용하면서 오히려 학생들이 더 주체적이고 내면화된 성찰을 하게 되었다는 경험을 나눴다. 이런 사례는 '순전한 기독교 대학'이라는 개념이 이상이 아니라 실제 교육 현장에서 구현될 수 있는 살아 있는 철학이라는 사실을 확인시켜 주었다.

나는 한동대학교가 '기독교적 분위기'를 토대로 캠퍼스 전체가 복음적 가치로 호흡하는 살아 있는 공동체가 되기를 꿈꾼다. 타인을 경쟁자가 아니라 협력자로 바라보는 관점, 실패와 실수를 성장의 과정으로 받아들이는 용서의 문화, 무엇보다 자신이 배운 것을 이웃과 세상을 위해 흘려 보내는 교육. 이것이 바로 우리가 회복하고 지켜야 할 기독교 대학의 존재 이유다. 이러한 정체성이야말로 급변하는 시대 속에서도 흔들리지 않는 교육의 뿌리가 될 것이다.

둘째, 한동대학교가 지향해야 할 또 하나의 정체성은 '글로벌 대학'으로서의 비전이다. 흔히 '글로벌'이라는 말은 영어 강의나 해외 교류 프로그램, 외국인 유학생 수 등 수치적 지표로 환산되곤 한다. 그러나 교육이 '세계화'를 이야기할 때 진정 다루어야 할 것은 통계적 국제성이 아니라 사고방식의 확장과 타문화에 대한 공감, 복잡하게 얽힌 세계의 과제 속에서 자신의 역할을 정의하는 힘이다. 즉, 전 지구적 맥락을 이해하고 대응할 수 있는 인식의 구조와 감수성이야말로 글로벌 교육이 길러야 할 핵심이다.

글로벌 정체성은 외국으로 향하는 물리적 이동보다 세계를 내면화하는 정신적 여정에 가깝다. 어느 국가에 속한 사람으로서가 아니라 지구 공동체의 일원으로서 사고하고 행동할 수 있는 태도는 미래 세대에게 필수적인 자질이 되어 가고 있다. 교육이 국경을 넘어선 시대에 지식은 이제 더는 한 사회의 울타리 안에 머물 수 없다. 기후 변화, 빈곤, 팬데믹, 인공지능 기술의 윤리적 문제 등은 특정 국가만의 과제가 아니라 모두가 함께 풀어 가야 할 글로벌 어젠다이다. 대학은 바로 이 지점에서 학문과 현실, 이론과 실천을 연결해 주는 장이 되어야 한다.

한동대학교의 글로벌 정체성은 '세계를 향한 진출'이 아니라, '세상과 함께하는 참여'에 가깝다. '배워서 남 주자'라는 대학의 대표적인 슬로건이자 한동 교육이 지향하는 자세를 함축한 표현이다. 이 정신은 국제화를 바라보는 관점에도 명확한 기준을 제시하며, 더 많은 자원을 가진 곳을 좇기보다 도움이 필요한 이웃과 먼저 연결되는 길을 선택하도록 이끌어 왔다. 그래서 한동대학교가 글로벌 교육의 실천 무대로 가장 먼저 손을 내민 곳은 선진국이 아니라 개발도상국이었다.

개발도상국에서 구체적인 실천으로 글로벌 정체성을 구현한 대표적인 사례는 GEM(Global Engagement & Mobilization) 해외 전공 봉사다. GEM은 학부생들이 전공 지식을 활용해 개발도상국의 지역 문제를 해결하는 교육형 국제협력 프로젝트다. 참여 학생들은 과학기술과 문명의 혜택으로부터 소외된 지역을 직접 찾아가 현지에서 배운 전공 지식을 기반으로 필요한 기술을 개발하거나 지식 전달 활동을 펼친다. 흔히 알고 있는 해외 봉사와는 다르다. 지도 교수의 인솔 아래 현지 기관과 긴밀히 협력하면서 문제를 다각도로 분석하고 실제 상황에 맞는 해결책을 모색하는 과정에서 학생들은 융합적 사고력과 실천적 협업 능력을 함께 기르게 된다.

한동대학교는 GEM 프로젝트를 통해 2010년부터 2024년까지 말라위, 인도, 탄자니아, 차드 등 28개국에서 60개 이상의 지역개발 프로젝트를 실행해 왔다. 인도네시아 팀은 IT 교육 봉사를 하며 지역 청소년의 디지털 역량을 키웠고, 케냐 팀은 바라샌두 지역 고등학생들을 대상으로 Good Start Camp를 운영해 진로 탐색과 학습 동기를 높이는 데 기여했다. 우간다 팀은 진로 소개 및 교육 인식 강화를 주제로 지역 사회 캠페인을 진행했고, 몽골 팀은 열악한 주거 환경 속에서도 채소를 길러 낼 수 있는 실내 새싹 채소 재배 프로젝트를 개발해 지속 가능한 영양 개선을 도모했다.

참여 학생들은 이 경험을 통해 글로벌 감수성, 협력적 문제 해결 능력, 실천을 통해 배우는 역량을 길러 나간다. 당연히 교실 안에서는 얻기 어려운 값진 자산이다. 어쩌면 '배워서 남 주자'는 결국 지식을 타인을 위한 도구로 전환하려는 한동 교육의 태도이며, GEM은 한동대학교만의 실험이다. 나는 한동대학교의 고유한 교육 모델을 보자마자 '과감한 글로벌 대학'으로 도약할 수 있다는 확신을 가졌다.

그렇다면 '과감한' 글로벌 대학은 무엇일까?

글로벌 대학은 서로 다른 문화와 가치관, 역사적 배경을 가진 사람들이 함께 문제를 직면하고 해법을 모색하는 지성의 교차로여야 한다. 학문은 독립적으로 존재하는 섬이 아니라 다리 역할을 해야 한다. 교육의 목표가 각자의 성공에 머무를 수 없는 이유다. 대학이 '세계와 연결된 배움의 장'이 될 때, 학생들은 타인을 이해하는 법,

협력하는 법, 그리고 낯선 질문 앞에 자신 있게 설 수 있는 사고의 힘을 기르게 된다.

글로벌 정체성은 결국 '확장된 자아'를 키우는 일이다. 익숙한 언어와 관습을 넘어서 사고하고 자신이 속한 세계를 새롭게 바라보는 훈련은 학생 개개인이 미래의 리더로 성장하는 데 필수적인 토대가 된다. 교육은 이제 경계 안에서만 완성되지 않는다. 오히려 세상을 연결하고 통합할 수 있는 능력, 그 안에 글로벌 대학의 진정한 역할이 놓여 있다. 벽을 허물고 경계를 넘나드는 것. 나는 이것에 '과감한'이라는 수식어를 붙여 본다.

셋째, 가장 근본이 되는 운영 원칙은 '학생 중심(Student-First)'이라는 철학이다. 이 원칙은 교육의 출발점과 종착점을 모두 학생의 성장에 둔다는 점에서 행정이나 제도, 교원의 편의에 맞춘 기존의 구조와는 근본적으로 다른 시선을 요구한다. 'Student-First'는 학생 편의를 맞춰 주는 차원의 접근이 아니라, 학생 한 사람 한 사람의 가능성과 변화의 과정을 교육의 핵심에 두는 방식이다.

교육은 결국 배움이라는 내적 작용으로 사람이 성장하는 사건이다. 이러한 철학은 학사 구조 개편 논의에서부터 구체적으로 반영되었다. 교육과정은 더 유연하게 설계되었고, 학생들이 자신의 진로와 관심에 맞춰 전공을 설계할 수 있는 '자율설계전공'이 강화되었다. 어떤 학생은 인공지능 기술과 디자인을 결합한 융합전공을 구상했고, 또 다른 학생은 지속 가능 발전과 국제법을 잇는 자기만의 전공을 만들어 냈다. 이와 같은 변화는 학생을 기존의 '정해진 틀

안에서 배우는 학생'이 아니라 '배움을 스스로 설계하는 주체'로 바라보는 관점에서 출발했다.

이 비전은 행정 운영에도 그대로 이어졌다. 교육과정과 학교 생활, 진로 지원에 관한 학생들의 목소리를 직접 듣기 위한 정기적인 미팅과 좌담회를 열었다. 그리고 그 자리에서 제안된 의견들은 가능한 한 실제 정책에 반영되었다. 예를 들어 실습 위주의 수업에서 공간과 장비가 부족하다는 피드백에 따라 실험실 예약 시스템을 개선했다. 취업 연계를 위한 외부 전문가 초청 세미나도 학생 요청에 따라 개설했다. 학생의 관점에서 문제를 바라보는 관점이 학교의 우선순위를 바꾸기 시작한 것이다.

교육이란 '학생을 위한 것'이라는 말이 너무 흔하게 들리지만, 정작 중요한 것은 '학생 안에서 어떤 변화가 일어나고 있는가'에 대한 지속적인 관심과 점검이다. 지식을 얼마나 많이 전달했느냐보다 배운 내용을 통해 삶의 태도나 문제 해결 방식, 세계를 바라보는 관점이 얼마나 달라졌는지를 묻는 것이 더 근본적인 질문이다. 배움의 주체는 교수가 아니라 학생이며, 변화의 중심도 제도가 아닌 사람이어야 한다. 결국 'Student-First'라는 원칙은 교육의 중심을 '전달하는 교수'에서 '성장하는 학생'으로 옮기는 선언이며, 이것이 세 번째 정체성의 핵심이다.

8.

한동대학교의 다음 도전, HI

"잔잔하지만 위대한 항해"

"So we beat on, boats against the current, borne back ceaselessly into the past"(그러므로 우리는 물결을 거스르는 배처럼, 끊임없이 과거로 밀려나면서도 앞으로 나아간다).

F. 스콧 피츠제럴드의 소설 《위대한 개츠비》의 마지막 문장이다. 이 문장을 처음 읽었을 때는 뭔가 쓸쓸하고도 철학적인 여운이 남았다. 물살을 거슬러 앞으로 나아가려 하지만 결국 과거로 밀려가는 인간의 모순된 운명. 작가가 전하고자 하는 주제 의식이 여실히 전달되는 느낌이었다. 그런데 이상하게도 한동대학교에 오고 나서는 이 문장이 전혀 다르게 읽혔다. 단순한 회한이 아니라 조용하지만 끈질긴 의지로 앞을 향해 나아가는 어떤 존재를 떠올리게 된 것이다.

변화라는 게 늘 요란한 것만은 아니다. 때로는 겉으로 조용해 보여도 그 안에서 밀도 높게 축적되는 시간이 있다. 한동대학교도 거대한 흐름 속에서 조용히, 그러나 꾸준히 미래를 향해 노를 저어 왔던 것 아닐까.

개교한 지 30년이 되어 가는 한동대학교는 짧은 기간 내에 비교적 안정된 정체성과 실천 철학을 구축해 왔다. 오히려 지나치게 젊은 탓에 간과되거나 평가절하된 부분도 있지만, 안을 들여다볼수록

이 대학의 실험과 성장이 결코 평범한 것이 아님을 확인하게 되었다.

우선 한동대학교의 교육철학은 개교 이래 기독교 정신을 바탕으로 일관성 있게 유지되었다. '정직', '성실', '겸손', '공동체' 같은 핵심 가치가 학문적 성취만큼이나 강조되었고 이 가치는 졸업생들의 삶을 통해 자연스럽게 증명되었다. 실제로 국내외 현장에서 활동하는 동문들에 대한 평가는 인성적으로 신뢰할 수 있으며 협업에 강하고 윤리적 기준을 중시한다는 것이다. 한동대학교가 배출한 인재상은 지식과 덕성의 균형을 갖춘 '전인적 전문가'에 가까웠다.

이러한 특성은 글로벌 측면에서도 뚜렷하게 드러난다. 캠퍼스 안에는 다양한 국적의 학생들이 함께 공부하고 있으며, 다국어와 다문화가 일상인 환경은 '글로벌 대학'이라는 명칭을 이름뿐만이 아닌 실체로 뒷받침해 왔다. 특히 국제법률대학원은 한동대학교의 대표적인 글로벌 교육기관으로 미국 변호사 시험 자격을 취득한 동문만 660명이 넘는다. 이들을 포함해 한동대학교 졸업생들은 국제기구, 글로벌 기업, 국제 NGO, 또는 각국의 법조계와 공공 영역에 진출해 100개가 넘는 국가에서 활동하고 있다. 학교의 영어 명칭인 Handong Global University에서 'Global'이라는 단어가 현실을 담은 표현이 되었다는 점은 작지만 강한 변화의 결과였다. 외부의 평가에서 한동대학교 학생들의 영어 소통 능력과 국제 감각은 늘 강점으로 꼽혀 왔다.

돌이켜 보면 지난 30여 년 동안 한동대학교는 교육혁신의 패러다임 전환을 조용히 그러나 일관되게 준비해 온 셈이다. 급격한 외형 확장이 없었고 화려한 마케팅보다는 내실 있는 시스템과 가치를 세우는 데 집중했기에 널리 알려지진 않았다. 하지만 그 속에는 이미 새로운 대학 모델의 가능성이 응축되어 있었다. 한동대학교는 '혁신을 선언하는 대학'이 아니라 '혁신을 축적해 온 대학'이었다. 나는 그 것을 '저력'이라고 생각했다.

그럼에도 세계는 변화한다. 이제는 더 큰 도약을 위한 시점이 도래했다는 판단 아래, 한동대학교는 '제2의 창학'을 선언하고, 한동 미셔널 위원회(Handong Missional Commission)를 조직했다. 이는 기존 정체성을 버리거나 바꾸려는 시도가 아닌 지금까지의 방향성과 철학을 더 강화하고 체계화하는 것이었다. 즉, 미래 세대에 맞게 확장하는 일종의 '재구성'이라 할 수 있다. 미션을 다시 쓰는 일이 아니라 이미 품어온 교육 소명을 더 깊이 들여다보고 다음 시대를 위한 언어로 재서술하는 일이었다.

마침 이 시기와 맞물려 교육부의 '글로컬대학30' 사업이 본격화되었다. 이 사업은 수도권과 비수도권의 교육 격차를 해소하고 지역에 뿌리를 둔 대학들이 글로벌 경쟁력을 갖춘 혁신 주체로 재편될 수 있도록 지원하는 국가 전략 프로젝트다. '글로벌(Global)'과 '로컬(Local)'의 합성어인 '글로컬(Glocal)'이라는 명칭에는 지역을 기반으로 세계와 연결되는 교육 모델을 구축하겠다는 철학이 담겨 있다. 외형적인 확대보다도 지역과 대학이 협력해 미래 인재를 함께 키워 내는 생태계를 형성하겠다는 새로운 접근 방식이다. 교육부는 2024년부터 3년간 총 30개의 글로컬대학을 지정해 집중적으로 육성하겠다는 계획을 밝혔고 이 사업은 대학뿐 아니라 지역 사회, 산업계, 행정이 함께 참여하는 다중 거버넌스 체계로 설계되었다.

한동대학교는 이러한 방향성에 깊이 공감하며 대학의 기존 정체성과 교육철학을 접목한 형태로 전략적 참여를 결정했다. 다만 초기에는 아쉽게도 바로 선정되지 못했고, 이에 따라 대학 내부적으로 더 철저하고 정밀한 진단과 준비 과정을 거쳐야 했다. 다양한 부서와 구성원이 함께 머리를 맞대고 대학이 가진 고유 자산을 어떻게 지역과 연결할 수 있을지, 전인적 교육을 어떻게 지역 혁신의 기반으로 확장할 수 있을지 근본적인 고민과 설계를 반복했다. 그리고 1년의 준비 기간을 거쳐 마침내 2024년 8월에 한동대학교는 보란 듯이 글로컬대학으로 선정되었다.

이 성과는 정부 사업에 이름을 올렸다는 행정적 의미에 머물지 않는다. 한동대학교가 지난 30년간 축적해 온 철학, 가치, 실험들이 이제는 지역과 세계를 연결하는 미래형 교육 플랫폼으로 전환되는 이정표를 세웠다는 점에서 상징적인 의미를 지니기 때문이다.

이제 핵심은 글로컬대학30의 지향점인 전인지능(HI) 교육을 통해 지역과 캠퍼스, 그리고 글로벌 현장을 유기적으로 연결하는 새로운 모델을 구축하는 데 있다. 한동대학교는 이 같은 HI 교육을 기반으로 지성뿐만 아니라 인격과 공감, 실천을 통합한 교육을 통해 미래 인재를 양성하고자 한다. 그리고 그러한 인재들이 로컬과 글로벌을 오가며 지역을 살리고 세계와 연결되는 혁신의 거점이 될 수 있도록 뿌리를 내리고자 한다. 이제 HI 교육의 도전은 지역과 대학이 '어디에 있는가'가 아닌 '어떻게 연결되는가'를 증명하는 실천의 무대가 된 것이다.

9.

H의
네 가지 기둥

"It's not about what you do,
it's about who you are."

'써먹지도 못하는 문학은 해서 무엇하느냐?'

문학평론가 김현은 어머니가 생전에 던졌던 이 질문에 대한 뒤늦은 답을 이렇게 시작한다. 문학은 써먹는 것이 아니지만, 역설적으로 그 써먹지 못한다는 것을 써먹고 있다고 말이다. 그는 문학이 배고픈 사람 하나 구하지 못하고 권력의 지름길도 아니며 당장 삶에 도움을 주지도 않는다는 점에서 '유용하지 않다'고 한다. 그러나 유용하지 않기 때문에 문학은 억압하지 않으며 인간을 자유롭게 한다는 것이다.

또한 그는 문학을 통해 얻게 되는 감정, 이를테면 쾌락 안쪽에 숨어 있는 반성, 무력함 속에 깃든 성찰, 억압을 인지하는 고통의 공명 같은 것이야말로 인간에게 필요한 '자각의 감수성'이라고 이야기한다. 그리고 이를 통해 인간이 행복하게 살지 않으면 안 된다는 것을 깨닫는다고 한다.

이 내용은 교육의 미래에 관한 물음과도 닿아 있다.

오늘날 많은 교육이 점점 AI적 감수성을 닮아 간다. 효율을 따지고 정확도를 추구하며 오류 없는 수행을 요구한다. 빠르고 편리하며 쓸모 있는 정보를 얼마나 잘 가공해 내는지가 중요한 덕목이 된다. 교육 현장 역시 이 영향에서 벗어나 있지 않다. AI 교육은 데이터를 바탕으로 최적의 학습 경로를 제시하고, 성취 지표를 수치로 환산하며, 정답에 이르는 가장 짧은 길을 안내한다. 이 모든 과정은 유용하고 똑똑하며 잘 설계되어 있다.

그러나 여기에 질문이 있다. 그렇게 완벽하게 훈련된 인간은 과연 자유로운가?

AI 교육만을 받은 사람은 효율적일지 몰라도 효율에 길들여진다. 결과적으로 인간은 기계처럼 사고하고 실패를 회피하고 쓸모없는 일을 불필요한 것으로 치부하게 된다. '기계가 더 잘할 수 있는 일'을 사람에게 요구하는 셈이다. 이 흐름은 결국 인간을 스스로 억압하는 기술의 노선 위에 세운다. 유용하지 않은 일은 가치 없는 일로 간주되며 배움의 쓸모는 오로지 생산성과 연결된다. 어느새 교육은 자유를 주는 것이 아니라 유능함이라는 이름의 족쇄가 채워지는 것이다.

반면 전인지능(HI) 교육은 '유용하지 않음'을 감수하는 용기에서 시작된다. 당장은 돈이 되지 않고 점수로 환산되지 않으며 완성된 답이 없는 질문들과 마주하는 일일 수 있다. 그러나 적어도 교육을 통해 인간은 자기 안의 질문을 만지고, 타인의 고통을 상상하고, 불확실함 속에서도 연대할 수 있는 존재로 자라난다.

AI 교육이 '빠르고 정교하게 문제를 푸는 능력'을 키운다면 HI 교육은 '답 없는 질문 앞에 오래 머무는 능력'을 기른다. AI는 가장 효율적인 길을 찾지만, HI는 때때로 돌아가는 길의 의미를 묻는다. AI는 정확하게 정렬된 해답을 제공하지만, HI는 해답이 '누구에게, 왜 필요한가'를 함께 고민하게 만든다. 또한 HI 교육은 문제를 '해결'하기보다 '공유'하게 만들고, 해결되지 않더라도 함께 살아가는 법을 배우게 한다.

이러한 차이는 교육이 던지는 질문의 방식에서도 분명하게 드러난다. AI 교육이 '무엇을 잘하게 할 것인가?'를 묻는다면, HI 교육은 '어떤 사람이 될 것인가?'를 묻는다. AI가 매뉴얼대로 정답을 찾게 훈련시킨다면, HI 교육은 매뉴얼이 없는 상황에서 나 자신의 판단과 태도를 돌아보게 한다. 인간은 유용하기 때문에 존재하는 것이 아니라 때로는 쓸모없음을 자각할 수 있을 때 비로소 자유로워진다. 그리고 진짜 배움은 바로 그 순간, 존재의 근원에 닿는 질문에서 시작된다.

그러면 이제 다시 묻게 된다. 새로운 시대의 교육은 무엇을 중심에 두어야 하는가?

이 질문에 대한 응답으로 나는 한동대학교에 전인지능(HI)을 도입하고 이를 뒷받침할 네 가지 기둥을 세우기로 했다. 한동대학교는 글로컬대학30 사업을 계기로 HI 교육과정을 더 혁신적으로 구축하고자 한다. 이를 통해 '대학교육을 미래로, 그리고 세계로' 이끌어 나갈 것이다.

HI 교육은 인간의 전인적 성장에 초점을 맞춘 교육이다. 이는 핵심역량 네 가지를 중심으로 구성되는데 바로 도덕지능(Moral Intelligence), 융복합지능(Transdisciplinary Intelligence), 디지털지능(Digital Intelligence),

공헌지능(Engagement Intelligence)이다. 이제 한동대학교가 실천하고
자 하는 HI 교육혁신의 네 가지 기둥을 차례로 살펴보고자 한다.

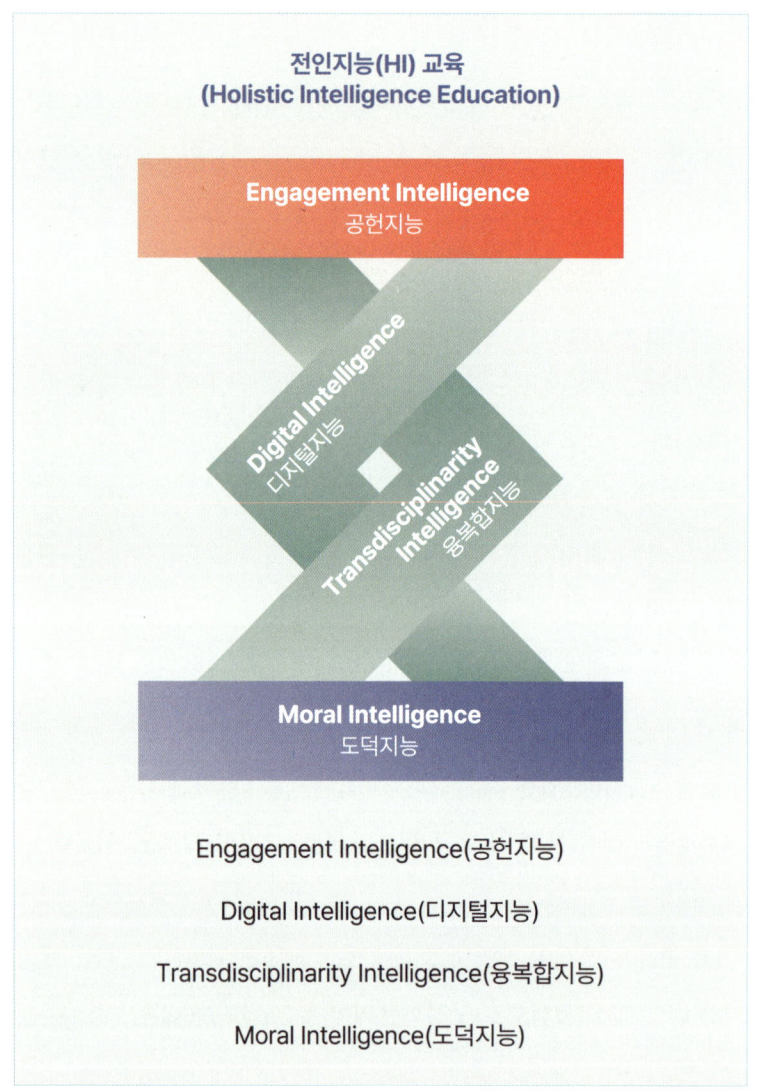

❶ 도덕지능(Moral Intelligence)

첫 번째 기둥은 도덕지능(Moral Intelligence)이다.

이는 전인적 교육의 뿌리가 되는 요소로 한동대학교의 교육철학이 시작되는 자리이기도 하다. 도덕지능은 도덕적 규범을 넘어, 예수 그리스도의 성품을 닮아 가는 인격 형성을 목표로 한다. 정직, 성실, 책임, 긍휼, 존중, 협력과 같은 덕목은 강의실 안의 지식만으로는 충분히 길러지지 않는다. 한동대학교는 학문, 신앙, 공동체 생활이 유기적으로 연결된 환경에서 이러한 인격이 자연스럽게 체화되도록 교육하고 있다.

특히 한동의 창의적인 공동체 교육 제도인 '레지덴셜 칼리지(Residential College)'는 학습과 생활을 통합한 교육 모델로 학생들이 공동체 안에서 신앙을 삶으로 살아낼 수 있도록 돕는다. 학생들은 함께 생활하고 팀 활동에 참여하며 관계 속에서 겸손과 섬김, 서로를 사랑하는 기독교적 정신을 배우게 된다. 이 과정은 성경의 가르침인 "서로 사랑하라 … 너희가 서로 사랑하면 이로써 모든 사람이 너희가 내 제자인 줄 알리라"(요 13:34-35)를 실천하는 기회가 된다.

또한 매주 열리는 채플 예배, 공동체 성경 읽기, 소그룹 활동과 영적 훈련 프로그램은 이러한 성품 형성을 더 견고히 다져 준다. 이는 "마땅히 행할 길을 아이에게 가르치라 그리하면 늙어도 그것을 떠나지 아니하리라"(잠 22:6)라는 말씀처럼 한 사람의 전 인격이 평생의 삶을 이끌어 갈 수 있도록 이끄는 중요한 교육적 기초다.

이와 같은 도덕지능의 함양은 한동대학교의 교육 전통이며, HI

교육 모델을 지탱하는 핵심 기반이 된다. 기업의 대표나 대학 총장들과 만날 때 자주 듣는 말이 있다. "한동대학교 출신들은 뭔가 다른 점이 있습니다. 정직하고 성실할 뿐만 아니라 자기 행동과 말과 글에 책임을 질 줄 아는 성숙함이 있습니다. 일을 맡기면 틀림없이 해내는 모범적인 인재들입니다." 이는 기독교 윤리로 무장되어 있고, 대학에서 공동체 생활을 통해 시민의식을 몸으로 배웠기 때문이라고 생각한다.

마이다스아이티의 이형우 회장은 건설감리소프트웨어 회사를 세계 1위로 우뚝 세운 인물이다. 이 회사는 우리나라 젊은이들이 입사하고 싶은 직장 5위 안에 꾸준히 들어가는 기업이다. 이 회사에서는 지난 10여 년 이상 뇌과학 연구를 바탕으로 개발한 직원역량검사 면접소프트웨어를 채용 면접에 사용하고 있다. 국내 다수의 기업이 직원 채용에 활용하는 소프트웨어다. 역량검사에서는 지원자의 여러 가지 역량을 측정하는데, 그중에서도 '소통 역량,' '전략적사고 역량,' 그리고 '자신을 성찰하는 역량' 등 인성 관련 역량이 특별히 중요하다고 한다. 이형우 회장이 한동대학교를 처음 방문하면서 학교의 자랑거리 하나를 선물해 주었다. 2022년에 2만여 명의 입사 지원자 중 70명을 역량검사를 통해 선발했는데, 그중에 10%인 7명이 한동대학교 출신이었단다. 한동의 도덕지능 교육은 이미 시작되었고, 앞으로도 계속 발전해 나갈 것이다.

❷ 융복합지능(Transdisciplinarity Intelligence)

다음은 융복합지능(Transdisciplinary Intelligence)이다.

이 지능은 복잡하게 얽힌 오늘날의 사회 문제에 대응하려면 하나의 전공이나 시각만으로는 충분하지 않다는 인식에서 출발한다. 융복합지능은 복수전공이나 전공 간 협력을 확장해 학문 간의 경계를 유연하게 넘나들며 새로운 질문을 구성하고 다양한 관점을 조율해 실질적인 해법을 도출하는 역량을 의미한다.

한동대학교는 이러한 역량의 중요성을 일찍이 인식하고 개교 직후인 1996년 무전공 입학 제도, 복수전공 제도, 전공 간 팀 프로젝트 등 학제 간 융합을 중심에 둔 교육 구조를 실천해 왔다. 학생들은 다양한 학문 영역에서 협업하며 자신이 속한 전공의 한계를 자각하고, 타인의 전문성과 대화하는 법을 배우며, 사고의 지평을 넓혀 간다. 이는 이론의 조합을 뛰어넘어 복잡한 문제를 다루는 태도와 공동의 지성을 구축하는 능력을 기르는 과정이다.

한동대학교는 "네 마음을 다하고 목숨을 다하고 뜻을 다하여 주 너의 하나님을 사랑하라"라는 마태복음 22장 37절 말씀에 따라 학문 활동 또한 창조주를 향한 헌신의 한 방식으로 실현되도록 교육하고 있다. 학생들은 복수전공 이수 외에도 마이크로 디그리(MD) 프로그램, 외부 대학 및 글로벌 MOOC 플랫폼 강의 등을 자유롭게 결합해 각자의 관심과 소명을 반영한 학문 경로를 설계할 수 있다. 이러한 교육은 지적 호기심과 평생 학습의 태도를 키우고 궁극적으로 배움을 통해 하나님께 영광을 돌리는 삶을 준비하게 한다.

나아가 고린도전서 12장 12-14절에서 바울이 말한 '다양성 속의 일치' 정신처럼 한동대학교는 다양한 지식과 사람, 문맥이 함께 만나는 배움의 장을 지향한다. 예를 들면 시험 위주의 평가보다는 전공 분야가 다른 학생들이 팀을 이루어 실제 문제를 해결하는 프로젝트형 수업이 일상적으로 이루어진다. 이를 통해 학생들은 협업을 통해 시야를 넓히고 지식을 현실에 적용하는 훈련을 쌓아 더 좋은 결과를 낳는다. 이러한 융복합적 학습 환경은 문제 해결 능력을 기르는 동시에 학생들이 미래 사회에서 창의적 해답을 제시하는 성숙한 지성으로 성장할 수 있도록 돕는다.

융복합적 지식을 탐구하는 노력은 교육과 연구의 영역에서 새로운 바람을 일으키고 있다. 우리가 알고 있는 전공 분야의 지식을 더 깊이 파고 들어가는 것도 필요하지만, 이러한 노력은 학문 분야 간 칸막이를 심화하는 부작용이 있고 더 나아가 현실 세계의 문제를 해결하는 데 필요한 지식을 만들어 내는 데는 턱없이 부족할 수밖에 없다. 유럽에서는 최근 미션 중심형 연구(Mission Oriented Research), 미션 중심형 이노베이션(Mission Oriented Innovation), 미션 중심형 교육(Mission Oriented Education)이 강조되고 있다.

예를 들면 이렇다. 해양 오염, 특히 플라스틱 오염은 정말 심각하다. 환경 파괴의 주범이며, 인류의 먹거리가 달려 있기 때문이다. 환경과학이라는 새로운 학문 분야가 나타나기는 했지만, 해양 오염 문제를 제대로 해결하려면 다양한 전문 분야의 지식이 필요하다. 화학, 바이오텍, 공중보건학, 해양생물학, 지리학, 재활용 기술, 환경

경제학, 국제정치 및 국제관계, 디자인, 인공지능 기술, 쓰레기 처리 기술 등의 지식은 어느 한 연구소나 대학이 해결하기 벅찬 주제다. 그래서 유럽연합에서는 연구와 교육의 방향을 문제 해결 중심, 즉 '미션 중심형'으로 전환하고 있다. 오늘날 대학도 마찬가지라고 생각한다. 19세기부터 신봉하던 전공 분야와 전공 분류에 새로운 패러다임을 적용할 때가 된 것 같다.

❸ 디지털지능(Digital Intelligence)

세 번째 기둥은 디지털지능(Digital Intelligence)이다.

오늘날 AI, 빅데이터, 디지털 기술은 교육과 사회 전반에 걸쳐 구조와 질서를 재편하고 있다. 특히 AI 기술은 시대를 살아가는 우리에게 어마어마한 편익을 가져다주고 있다. 과거에 수개월이 걸려야 해결할 수 있던 문제가 이젠 눈앞에서 해결되고 있다. 난제라고 불리던 수학 문제를 AI가 해결하는 모습도 이제 더는 생소하지 않다.

빠르게 발전하는 디지털 기술의 가장 큰 문제는 그 기술을 악용하는 사람들과 세력들이 있다는 점이다. 디지털 세계를 규율하는 질서가 아직 정립되지 않았다. 특히 어린이들이 AI나 디지털 기술의 어두운 측면에 무방비 상태로 노출되어 있다. 따라서 이 시대를 살아가는 현대인들에게는 기술을 잘 다루는 능력뿐 아니라 기술을 어떤 가치와 태도로 사용할 것인지에 대한 윤리적 감수성과 책임 의식이 절실히 요구된다.

한동대학교는 디지털 역량을 단순한 기술 숙련의 차원에서 다루지 않는다. AI와 디지털 시스템을 도구로 활용하는 능력은 물론 도구가 만들어 내는 영향과 구조를 비판적으로 사고하며 그에 따르는 윤리적 질문에 스스로 응답할 수 있는 지성을 길러 내는 데 초점을 둔다. 알고리즘 편향, 데이터 윤리, 개인정보 보호, 기술 격차와 같은 주제는 학생들이 피상적으로 이해하는 것이 아니라 삶과 공동체 안에서 마주해야 할 현실로 다가오게 된다.

기술은 인간의 자유를 억압할 수도, 확장할 수도 있다. 가능성은 도구 자체가 아니라 그것을 손에 쥔 사람의 선택에 달려 있다. 한동대학교는 모든 학생이 입문 및 중급 수준의 AI 교육과정을 이수하게 함으로써 AI를 위협이 아닌 '섬김과 청지기 정신'의 관점에서 접근하도록 지도하고 있다. "땅을 정복하라 … 모든 생물을 다스리라"라는 창세기 1장 28절 말씀처럼 인간은 창조 세계를 해치는 자가 아닌 돌보는 자로 부름을 받았다. 이에 따라 한동대학교는 AI를 인간의 번영을 위한 도구, 하나님 나라를 확장하는 수단으로 바라보는 관점을 정립하고 있으며 기술이 복음적 삶의 연장을 위해 사용될 수 있도록 윤리적 훈련을 강조한다.

이러한 교육철학은 High-Tech(수준별 맞춤형 학습 시스템)와 High-Touch(개인 맞춤형 멘토링)의 조화를 통해 구체화된다. AI 기반 학습 도구는 학생 개개인의 학습 곡선을 따라 맞춤형 콘텐츠를 제공하고 그 위에 인간적인 소통과 멘토링, 공동체 안의 피드백이 더해진다. 즉, 창의적 사고, 비판적 사고, 협업, 소통이라는 '4C 역량'은 이처럼 기술과 인격이 통합된 환경에서 자연스럽게 형성된다.

이는 "지식은 교만하게 하며 사랑은 덕을 세우나니"라는 고린도 전서 8장 1절 말씀을 교육의 기준점으로 삼는 한동대학교의 정체성을 잘 드러낸다. 기술은 지식을 부풀게 할 수 있으나 지혜는 사랑으로 관계를 세우고 공동체를 지탱한다는 신앙적 균형감 속에서 디지털지능이 교육되는 것이다.

❹ 공헌지능(Engagement Intelligence)

네 번째 기둥은 공헌지능(Engagement Intelligence)이다.

전인적 교육은 지식의 축적이나 성취에서 그치지 않는다. 배움은 언제나 자신을 넘어서야 하며 지식이 누구에게 어떤 방식으로 이바지하는지를 묻는 데서 완성에 이른다. 공헌지능은 배움의 방향을 개인이 아닌 공동체, 경쟁이 아닌 연대, 이익이 아닌 섬김으로 전환하는 데서 시작된다.

한동대학교는 '배워서 남 주자'라는 실천적 교육철학 아래 오랜 시간 GEM(Global Engagement & Mobilization) 프로젝트와 같은 글로벌 지역 공헌 활동을 이어 왔다. 학생들은 개발도상국의 마을, 도시, 공동체를 찾아가 자신이 배운 전공 지식을 실제 현장의 문제 해결에 적용하며 지식이 어떻게 이웃을 향할 수 있는지를 몸으로 배우는 시간을 경험한다. 이는 해외 봉사 형식을 띠고 있지만 내적 기반은 세계시민으로서의 책임감과 감수성을 함양하는 장기적 훈련의 과정이다.

한동대학교는 '글로벌 로테이션(Global Rotation)'이라는 독창적인 프로그램을 통해 학생들이 배운 것을 실천에 옮길 수 있는 구조를 제공하고 있다. 학생들은 5-10명의 동료 및 지도 교수와 함께 한 학기 동안 해외의 지역 사회, 기업, NGO 등과 협력해 실제 문제 해결 프로젝트를 수행한다. 이는 "너희가 여기 내 형제 중에 지극히 작은 자 하나에게 한 것이 곧 내게 한 것이니라"라는 마태복음 25장 40절 말씀을 따라 세상의 깨어진 부분에 예수 그리스도의 손과 발로 응답하는 삶을 훈련하는 자리이기도 하다.

이와 같은 참여는 단기 체험이 아닌 구조화된 교육과정 속에서 이루어진다. 한동대학교에서는 전 세계 30여 개 글로벌 연결 캠퍼스 (GEC: Global Extension Campus) 중 한 곳 이상에서 공헌 중심의 글로벌 참여 프로그램을 이수할 수 있다. 이 과정을 통해 학생들은 6-9학점을 취득함과 동시에 지역을 섬기고 공동의 선을 실현하는 세계시민으로 성장해 간다. "네 이웃을 네 자신 같이 사랑하라"라는 누가복음 10장 27절 말씀처럼 학습은 삶과 분리되지 않으며 지식은 언제나 사랑과 헌신의 통로가 되어야 한다.

공헌지능은 지식을 실현하는 마지막 단계이자 인간과 세상을 향한 교육의 목적지를 보여 준다. 동시에 공헌지능 교육의 중요한 부산물이 있다. 현장에서의 체험은 대학에서 배운 지식을 내면화 (Internalization)하는 최적의 수단이다. 암기 학습이나 반복 학습을 통해 얻는 지식은 시간이 지나면 잊힌다. 그러나 배운 것을 실천하고 나누는 현장 체험을 통해 얻는 지식은 거의 평생 내 것으로 남는다. 이 점에 대해서는 제5장에서 좀 더 깊이 나눌 것이다.

한동대학교의 HI 교육은 이제 실체를 갖추었다.

미래의 뼈대가 될 네 가지 기둥은 이 시대가 놓치기 쉬운 방향을 짚어 갈 것이다. 배움은 얼마나 빠르고 정확한지를 평가하는 도구가 아니라 '왜'라는 질문을 던지고 감당할 수 있는 내면의 깊이를 기르는 과정임을. 교육이 향해야 할 곳은 우월함이 아니라 연대이며, 경쟁이 아니라 책임임을. 이 네 가지 기둥이 한 사람의 전 인격이 어떻게 성장하고 세상과 어떻게 연결되어야 하는지를 차분히 이끌 것이다. 더불어 HI 교육 모델은 지역과 세계를 동시에 바라보며 확장할 것이다.

전인지능(Holistic Intelligence)은 앞서 언급했듯이 '무엇을 배울 것인가?'를 넘어, '어떤 사람이 되어야 하는가?'를 묻는 교육이다. 한동대학교가 제시하는 HI 교육은 AI 시대를 살아가는 이들에게 꼭 필요한 감수성과 공동체 의식을 길러 주는 방향성이며, 이는 교육의 내용이 아니라 교육의 존재 방식 자체에 대한 대답이다. 인간다움을 회복하는 교육, 이것이 바로 한동대학교가 미래를 향해 내딛는 발걸음의 지향점이다.

part 3

글로벌 교육혁신,
패러다임의
대전환

10.

교실 없는 대학,
미네르바가 던진 질문

"경계 없는 교실,
 경계 너머의 교육"

교육은 정답을 찾는 일이 아니다.

'지식을 얼마나 외웠는가'를 묻는 시험은 교육의 미래가 아니다. 그 질문은 한때 유효했다. 산업화 사회에서는 표준화된 지식과 기능을 빠르게 습득하고 동일한 정답을 신속하게 도출하는 능력이 생산성의 핵심이었다. 교육은 그런 인간을 양산하는 공장이었고, 시험은 공정의 품질 검사였다. 그러나 오늘날, 외운 지식의 양을 재는 시험은 더 이상 효과적이지 않다.

이제 교육은 '얼마나 성장했는지'를 묻고 '어떻게 살아갈 것인지'를 고민하는 장으로 변모하고 있다. 학습의 목적은 지식의 습득에 머무르지 않고 지식이 삶의 맥락 속에서 어떻게 작동하는지를 이해하는 데 있다. 배우는 이는 외운 정보를 재현하는 데 그치지 않고 질문을 던질 줄 알고 자신의 신념과 태도를 성찰할 수 있어야 한다. 성장 중심 교육은 한 개인의 내면과 존재, 그리고 관계 맺음의 방식에까지 관심을 기울인다. 이는 시험지로는 측정할 수 없지만 교육의 취지에 가까운 길이다.

20세기 산업화 시대가 정보를 습득하고 모방하는 교육을 필요로 했다면, 21세기는 복잡한 사회 문제를 해결하고 끊임없이 새롭게 배우는 능력을 요구한다. 오늘날의 문제는 고정된 정답을 요구하지 않는다. 정답조차 끊임없이 바뀌고, 문제 자체는 유동적이며 복합적이다. AI가 정보를 정리하고 분석하는 시대에 인간은 어떤 존재여야 하는가? 교육은 이 질문 앞에서 새로운 답을 제시해야 한다. 기능이나 스펙을 쌓는 훈련이 아니라 사고의 힘과 성찰의 깊이, 공동체적 책임을 기르는 과정이어야 한다.

지식이 곧 권력이던 시대는 지났다. 이제는 지식을 어떻게 해석하고, 누구와 연결하며, 무엇을 위해 사용할 것인지가 중요하다. 이때 교육은 일방적인 전달이 아닌 만남과 변화의 장이 된다. 그리고 이 교육은 학생뿐 아니라 교사와 제도 모두를 향해 자신을 되묻게 만든다. 결국 미래 교육의 핵심은 '정답'을 아는 사람이 아니라 '더 나은 질문'을 던지는 사람, 질문 속에서 함께 성장할 수 있는 사람을 길러 내는 데 있다.

이러한 교육철학은 이미 세계 곳곳에서 실험되고 있다. 대표적인 사례 중 하나가 바로 벤 넬슨(Ben Nelson)이 주도한 미네르바 프로젝트다.

벤 넬슨은 기존 대학교육의 한계를 정면으로 돌파하며, 전 세계 대학교육에 파괴적 혁신을 불러온 사업가다. 그는 2012년 '미네르바 프로젝트'를 설계하고 실행에 옮기며 대학교육에 새로운 혁신적인 모형을 제시했다. 미네르바대학교는 물리적인 캠퍼스를 두지 않고 100% 온라인으로 교육한다.

미네르바대학교 로고

학생들은 샌프란시스코, 서울, 타이베이, 베를린, 부에노스아이레스, 하이데라바드, 도쿄 등을 여행하며 각 도시 또는 도시에 위치한 기업들이 마주한 문제를 해결하는 프로젝트에 참여하고, 글로벌 관점에서 문제 해결 능력을 배운다. 모든 수업은 온라인으로 진행하지만, 학생들은 각 도시에 마련된 기숙사에서 공동체 생활을 익힌다.

짜임새 있는 커리큘럼에 따라 학생들은 논리적·비판적 사고 능력(Critical Thinking), 창의적인 생각(Creativity), 협업을 통한 문제 해결 능력(Collaboration), 효과적인 소통 능력(Communication) 등 네 가지 역량(4C skills)을 배우게 된다.

이처럼 미네르바대학교는 혁신적인 교육 모형을 통해 복잡한 문제를 주도적으로 해결할 수 있는 역량 기반 인재를 길러 내며 짧은 역사에도 불구하고 세계에서 가장 입학 경쟁이 치열한 대학 중 하나로 부상했다. 이는 곧 새로운 교육 패러다임에 대한 국제적 수요와 관심이 얼마나 높은지를 방증한다. 미네르바대학교는 물리적 캠퍼스 없이도 고등교육이 충분히 가능하다는 점을 입증했다. 나아가 교실의 경계를 넘어선 학습 경험이야말로, 오늘날 사회가 요구하는 미래형 인재를 양성하는 핵심 조건임을 강하게 시사한다. 물론 아직 졸업생 수는 많지 않다. 그러나 이들이 글로벌 무대에서 빠르게 존재감을 드러내고 있다는 점은 미네르바 모델의 교육 효과를 가늠할 수 있는 중요한 지표라 할 수 있다.

2022년 9월, 한국을 방문한 벤 넬슨을 직접 만나 대화할 기회가 있었다. 우리는 현재의 대학교육이 미래형 인재를 길러 내기에는 여러 면에서 한계를 드러내고 있다는 점에 깊이 공감했다. 소위 기존의 교육 방식인 '가르침-배움(Teaching-Learning)', 즉 교수가 일방적으로 강의를 하고 학생은 내용을 암기하거나 연습문제를 푸는 방식은 오늘날의 현실과 괴리되어 있다.

*출처: 조선일보 2024년 5월 6일 자 기사

생성형 인공지능, 특히 ChatGPT 같은 생성형 인공지능이 웬만한 대학교수보다 더 많이 알고, 더 잘 가르치지 않는가? 또한 기존의 대학교육에서 배운 지식은 기억에 오래 남지 않는다. 학생 자신이 배운 지식을 스스로 사용하고 적용하며 기업이나 사회 현장에서 문제 해결에 기여하고 공헌할 때 그 지식이 온전한 자기 것이 되지 않을까?

한 가지 더 주목할 점은 대학에서 시행되는 대부분 시험이 여전히 지식의 이해도나 암기력을 중심으로 평가된다는 사실이다. 하지만 진정 중요한 것은 지식을 바탕으로 얼마나 창의적이고 비판적인 사고를 전개할 수 있느냐다. 지금의 평가 방식은 이러한 역량을 포착해 내기에 구조적으로 미흡하다.

벤 넬슨과 나는 많은 부분에서 생각이 비슷했다. 한동대학교의 교육혁신을 고민하던 나로서는 미네르바에서 배우고 미네르바와 함께 한동의 교육과정을 혁신하고 싶은 생각이 솟구쳤다. 그러나 곧 현실적인 문제에 직면했다. 미네르바와 협력하는 데는 상당한 규모의 초기 투자가 필요했다. 벤 넬슨은 미네르바 역시 지금에 이르기까지 막대한 자금과 시간을 들여 교육 실험을 지속해 왔으며, 이제는 가치에 상응하는 대가를 지불해야 한다고 말했다. 그의 말은 옳았다. 아무리 한동대학교가 교육철학적으로 의미 있는 파트너라 해도 무조건적인 협업을 기대할 수는 없었다.

더욱이 벤 넬슨은 교육자라기보다는 기업가가 아니던가? 그의 태도는 이상적 교육 담론에만 기대지 않고 실제 지속 가능한 모델을 구축하려는 합리적 판단에 기반하고 있었다. 그러나 초기 투자 규모는 한동대학교가 감당할 수 있는 범위를 넘어섰기에 쉽게 결정을 내리지 못했다.

그러던 중, 2023년 초 교육부에서 '글로컬대학30' 사업 공고가 발표되었다. 이 사업은 비수도권 지역에 있는 대학 가운데 30개교를 선정해 향후 5년간 최대 1,000억 원 규모의 예산을 집중 지원하는 국가적 프로젝트다. 대학은 지역 정부 및 기업과의 긴밀한 협력을 통해 대학 자체의 혁신은 물론 지역 사회와 동반 성장을 도모함으로써 글로벌 경쟁력을 갖춘 교육기관으로 발돋움할 수 있도록 지원받는다.

한동대학교는 이 기회를 통해 미네르바와의 협력을 구체화하고자 했다. 특히 4C 역량 교육을 강화하기 위해 미네르바와 함께 일부 교과과정을 공동 개발하는 계획을 제안서에 포함했다. 그러나 아쉽게도 2023년에는 선정되지 못했다.

그렇다고 미네르바와의 협력을 포기할 수는 없었다. 여전히 지식 전달에 머무는 전통적인 대학교육 방식만으로는 미래를 대비할 수 없다고 믿었기 때문이다. 지식을 단순히 축적하는 것이 아니라 지식을 바탕으로 사고하고 실천하며 실제 문제를 해결할 수 있는 역량을 기르는 것. 그것이야말로 미래 대학의 핵심 역할이며, 이를 위해서는 미네르바와의 협력을 통해 한동의 교육 역량을 확장해 나갈 필요가 있었다.

결국 모험을 감행하기로 했다. 2024년 초, 아직 글로컬대학30에 선정되기 전이었지만 교비를 활용해 파일럿 프로그램을 시작했다. 미네르바와는 일정한 조건 아래 계약을 체결했다. 한동대학교가 글로컬대학에 선정되면 2년간 교과과정을 공동 개발하고, 선정되지 않을 경우에는 한 학기 이후 프로그램을 중단하기로 한 것이다.

2024년 가을학기부터 총 8명의 한동대학교 교수가 미네르바 교수진과 함께 공동개발에 착수했고, 이 중에서 6명은 직접 미네르바의 과목을 이수하면서 그 내용을 바탕으로 학생들을 가르치기 시작했다. 학교 재정을 누구보다 잘 아는 교무위원들의 반응은 우려에 가까웠다. "잘못하면 학교 망하는데요?"라고 걱정하는 직원도 있었다.

16년 동안 등록금이 동결되어 교직원 급여는 실질적으로 줄어든 상태였고, 낙후된 학교 시설을 개선할 예산조차 빠듯했다. 미네르바와의 협력을 위해 적지 않은 비용을 써야 하니 불안해하는 것이 당연했다. 그럴 때마다 "믿음으로 가는 길입니다"라고 말하며 걱정하는 동료들을 격려하고 다독였다. 겉으로는 담담한 태도를 유지했지만, 내 속도 바짝바짝 타고 있었다.

2024년 5월, 미네르바대학교 설립자 벤 넬슨이 한동대학교를 직접 방문했고 두 기관은 공식적으로 협력 계약을 체결했다. 이 협력 계약은 외국 대학과 맺는 일상의 교환협정이 아니었다. 미네르바와 한동대학교가 함께 교과목을 공동으로 개발하는 과정에 수반되는 법적 권리와 의무, 그리고 책임이 상세하게 기술된 공식 계약이었다. 미국 변호사로 법학부에서 가르치는 이상호 교수가 꼼꼼하게 계약서를 읽고 상대방과 밀고 당기기를 하며 가장 합리적인 계약을 하도록 도와주었다. 이 계약을 통해 한동대학교는 아시아 최초로 미네르바와 파트너십을 맺고 미네르바식 교양교육 커리큘럼 고도화에 본격적으로 착수하게 되었다. 교육혁신을 지향해 온 두 기관이 '세상을 위한 교육'이라는 철학적 공감대를 바탕으로 손을 맞잡은 것이다.

이번 만남은 미래 대학의 방향을 공동으로 설계하는 선언적 전환이었다. AI 시대의 흐름 속에서 교육은 이제 기술적 전달을 넘어 통합적 사고와 윤리적 판단을 길러내는 장이 되어야 한다는 신념이 협력의 중심에 있었다. 교육의 목적과 철학을 뿌리부터 되짚고 새롭게 구성하려는 시도가 시작된 셈이다. 그리고 물음은 교육의 형식이 아니라 교육이 지향해야 할 가치와 인간의 성장 가능성에 대한 근본적 질문으로 확장되었다. 무엇을 가르칠 것인가 못지않게 어떻게 가르칠 것인가를 함께 고민해야 할 시점에 도달한 것이다.

11.

AI 시대에
왜 교수님이 필요한가요?

"미네르바대학교가 담은 함의"

미네르바대학은 세 가지 '교육 혁명'을 이끌었다.

첫 번째는 지식의 내재화에 대한 실천이다. 미네르바대학교는 '지식을 가르치는 것'에 머물지 않는다. 지식은 외부로부터 주입되는 것이 아니라 학생의 경험과 실천을 통해 자기 안에 체화되어야 한다는 철학을 실현하고 있다. 강의실 안팎에서 학생은 직접 적용하고 시도하며 배운 내용을 반복해 '써 봄'으로써 이해와 숙련을 확장한다. 단순 암기나 개념의 이해가 아닌 지식이 삶의 일부가 되도록 유도하는 구조적 훈련이다. 미네르바가 말하는 '지식의 내재화(Internalization)'는 결국 인간의 사고와 행동을 형성하는 과정임을 강조하는 개념이다.

두 번째 전환은 교육의 목표 자체에 대한 재정의다. 미네르바대학교는 지식이 많은 사람보다 지식을 활용할 줄 아는 사람을 길러내는 데 집중한다. 오늘날의 정보는 손안의 기기와 AI가 훨씬 더 빠르고 정확하게 전달한다. 따라서 대학교육은 정보를 얼마나 아느냐가 아니라 지식을 가지고 어떻게 사고하고 어떤 가치를 만들며 누구와 함께 문제를 해결할 수 있는지를 중심으로 재편되어야 한다.

이를 위해 미네르바대학교는 네 가지 역량인 '비판적 사고(Critical Thinking), 창의력(Creativity), 협업(Collaboration), 소통 능력(Communi-cation)'을 핵심 교육 목표로 삼는다. 즉, 이 네 가지 역량을 기르기 위한 학습 환경과 수업 구조를 갖춘 것이 미네르바식 교육이다.

세 번째 전환은 물리적 공간에 대한 고정관념의 해체다. 미네르바대학교에는 캠퍼스가 없다. 교육은 오로지 온라인으로 진행된다. 그러나 이 온라인 교육은 '비대면'이라는 수동적 구조가 아니다. 오히려 교실 안보다 더 능동적이고 집중된 배움의 장이 된다. 학생들은 전 세계 다양한 도시를 이동하며 각 도시의 현장에서 프로젝트를 수행한다. 지역성과 글로벌 감각, 학문과 삶이 연결된 학습 경험이 가능해지는 구조다. 공간이 사라지면서 오히려 배움이 경계를 확장하게 된다.

이에 더해 미네르바대학교는 성적 평가 방식에서도 근본적인 혁신을 시도한다. 단편적인 지식의 암기 여부를 측정하는 기존 시험 중심의 평가 체계를 벗어나 학생 개개인의 성장과 잠재력에 기반한 방식으로 전환하고자 한다. 학생은 각기 다른 출발점에서 여정을 시작하기 때문에 동일한 잣대로 서열을 매기는 방식이 아니라 각자 도달할 수 있는 가능성에 얼마나 다가섰는지를 중심으로 성취를 바라본다. 평가란 줄을 세우는 장치가 아니라 배움의 과정을 촘촘히 기록하며 성장의 방향을 비추는 거울이어야 한다는 철학이 중심에 있다.

이러한 미네르바대학교의 성적 평가 모델은 개인적으로도 큰 울림을 주었다. 돌이켜보면 초등학교부터 대학에 이르기까지 치르는 대부분 시험은 기억력을 측정하는 방식에 머물러 있다. 하지만 기억이란 결국 소멸하는 속성을 지닌다. 수많은 지식이 시험을 통과한 이후 머릿속에서 빠르게 사라진다. 교육심리학자 넬슨이 말한 바처럼 학기말 시험이 끝나고 일주일만 지나도 학기 중에 배운 내용이 5%밖에 남지 낳는다면 이는 지극히 비효율적인 교육 방식이다. 특히 천문학적인 등록금을 감수해야 하는 미국의 현실을 떠올릴 때, 암기 위주의 교육이 낳는 사회적 비용은 결코 가볍지 않다. 교육이 지향해야 할 방향은 지식을 저장하는 것이 아니라 지식을 살아 있는 문제 해결력으로 전환하는 능력을 기르는 데 있어야 한다.

미네르바식 교육은 결국 교육이란 모두가 정답을 향해 나아가는 길이 아니라고 말한다. 각자가 자신만의 길을 묻고 배우며 실천해 가는 과정임을 말하고 있다. 잘하는 사람만을 위한 교육이 아니라 각자의 비교우위를 발견하고 발휘할 수 있도록 설계된 구조. 그것이 바로 미래 교육이 지향해야 할 방향이며 미네르바대학교가 오늘 우리에게 던지는 깊은 함의다.

미네르바대학교의 세 가지 교육 혁신

지식의 내재화

- 지식을 외부에서 주입하지 않고 경험과 실천을 통해 자기 안에 체화하도록 유도
- 반복적인 적용과 실습을 통해 지식을 행동과 사고로 연결

교육 목표의 재정의

- 단순 지식 전달이 아닌 지식 활용 능력 중심의 교육
- 비판적 사고, 창의력, 협업, 소통 능력을 기르는 수업 구조

공간평가 방식의 혁신

- 전 세계를 이동하는 온라인 중심의 실천형 교육
- 기억력 위주의 시험 → 과정과 가능성 중심의 평가

이러한 교육철학과 구조적 전환 위에서 2024년 8월 한동대학교가 '글로컬대학'으로 최종 선정되었다.

나는 글로컬대학 지정 소식보다 미네르바대학교와의 협력이 본격적으로 진행될 것에 더 신이 났다. 글로컬대학 선정은 내게 낭보 중 최고의 낭보였다. 미네르바대학교와 협력이 가능해졌기 때문이다. 2024년 2학기 미네르바대학교와의 공동개발은 순풍을 만났다.

모든 참여 교수가 헌신적으로 수고를 아끼지 않았다. 그리고 기적 같은 일이 일어났다. 여전히 시범 단계였기에 많은 학생이 참여하지는 못했지만, 수업을 경험한 이들의 반응은 놀라웠다. 평가가 기대 이상으로 긍정적이었다. 분명 무언가가 움직이기 시작한 순간이었다.

참여 학생들은 입을 모아 '말하지 않을 수 없는 수업'이라고 말했다. 특히 가장 기억에 남는 학생의 반응은 "가만히 있으면 안 되게끔 만들어요"였다. 수업은 교수의 강의보다는 학생들이 자발적으로 질문하고 응답하는 방식으로 채워졌다. 화면에는 모든 참가자의 얼굴이 실시간으로 노출되고, 발언량이 부족한 경우 시각적으로 표시되어 즉시 질문을 받게 된다.

침묵할 수 없는 구조, 준비 없이 참여할 수 없는 방식이 수업 전체를 끌고 간다. 교수는 일방적으로 가르치기보다 토론을 조율하고 흐름을 정리하는 촉진자 역할에 집중한다. 참여를 회피하기 어려운 설계 덕분에 학생들은 자연스럽게 자료를 깊이 있게 읽고 스스로 말할 언어를 찾게 된다. 처음에는 두려움과 낯섦을 말하던 학생들도 어느 순간부터 입을 연다.

학생들이 말한 수업의 핵심은 '참여'였다. 단지 듣는 것이 아니라 끊임없이 말하고 생각을 나누고 스스로 학습을 주도해야만 수업을 소화할 수 있다는 것이었다. 교수들의 평가도 마찬가지였다. 75분 수업 중 교수의 발언 시간은 약 10%, 나머지는 학생들의 토론과 문제 해결 활동으로 채워졌다. 교수들 또한 처음에는 낯선 구조에 적응하기 어려웠지만 시간이 지날수록 학생들이 스스로 학습 목표에 도달해 가는 모습을 보며 수업의 재미와 보람을 되찾았다고 한다.

특히 눈에 띄는 사례는 메건 케이우드(Megan Cawood) 교수였다. 남편과 함께 케냐에 거주하면서 원격으로 한 과목을 맡아 높은 수업 평가를 받았다. 이 사례는 미네르바식 교육을 잘 보여 준다. 물리적 교실이 없어도 비대면 환경에서 더 깊이 있는 학습이 가능하다는 점, 그리고 지구 어느 곳에 있든 배움은 연결될 수 있다는 'Learning from everywhere'의 철학이 실제로 구현된 순간이었다.

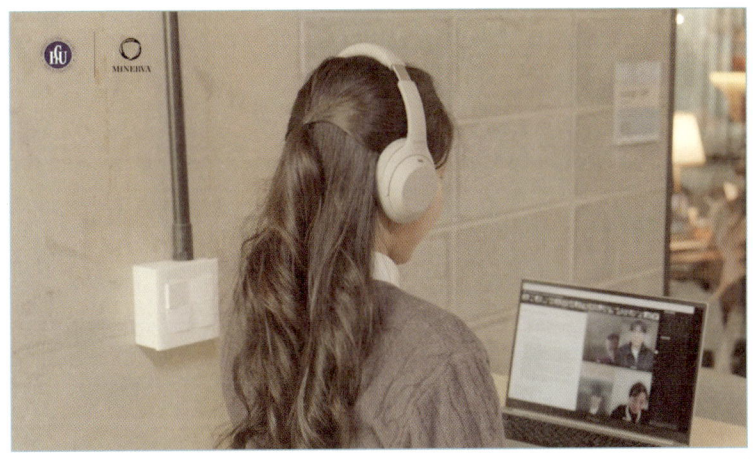

미네르바 교육에 참여하고 있는 학생

미네르바식 교육에서는 전통적인 시험이나 숙제가 존재하지 않는다. 생략하는 것이 아니라 불필요하다고 판단하기 때문이다. 대신 수업에 참여하기 전 학생은 필수적으로 사전 학습 자료를 읽거나 시청해야 한다. 교수의 일방적인 강의가 아닌 교수와 학생 간의 활발한 질의응답과 토론으로 수업이 구성되기 때문이다. 질문을 받는 것뿐만 아니라 스스로 질문하는 일 또한 학습의 중요한 일부로 간주된다.

모든 수업 자료는 정교하게 설계되어 있어 집중하지 않을 수 없다. 수업은 전면 녹화되며, 인공지능이 발언 내용을 실시간으로 분석하고 정리한다. 경우에 따라 발언의 질과 수준에 따라 평가도 이뤄진다. 교수는 AI 기반 데이터를 바탕으로 학생들의 참여도와 학습 진척 상황을 실시간으로 파악할 수 있으며, 이는 학생에게 좀 더 세밀한 피드백을 제공하는 기반이 된다. 수업이 끝난 뒤에도 배움은 계속된다. 학생들은 팀을 이루어 프로젝트를 수행하고, 배운 내용을 실제로 활용하며 내면화하는 과정을 거친다.

교수가 존재해야 하는 이유는 '가르치는 자'로서가 아니라 질문을 열고 사고를 유도하며 배움의 장을 설계하는 '촉진자'로서다. 정답보다 질문이 더 중요해진 시대에 대학은 질문이 자라는 토양이 되어야 한다. 지금 한동대학교가 시작한 교육 실험은 교육이라는 행위의 회복에 관한 이야기다. 그리고 그 중심에는 여전히 '사람'이 있다. AI 시대에 교수와 대학이 왜 필요한가에 대한 대답은 결국, 함께 배우는 인간의 가능성 안에 있기 때문이다.

12.

공간을 넘어선
한동의 교육혁신

"미네르바대학교와 함께한 도전"

교실이 없는 대학에서도 진정한 배움이 가능한가?

미네르바대학교가 제기한 근본적인 질문은 교육 공간의 물리적 재배치를 뛰어넘어 우리가 오랫동안 당연하게 여겨 온 교육의 구조와 작동 원리를 근본적으로 성찰하게 만든다. '학습은 교실에서 이루어진다'라는 관념, 교수의 일방적 전달과 시험 중심의 평가 방식이 과연 오늘날 사회가 요구하는 핵심 역량을 길러 줄 수 있는지 다시 묻게 된다. 이 질문은 피상적인 형식의 문제가 아니라 배움의 주체는 누구이며, 학습은 어디에서 시작되어 어디로 향해야 하는지를 되묻는 철학적 사유를 촉발한다. '교실 없는 대학'이라는 개념은 교육 환경의 변화라기보다는 배움의 의미와 인간 성장에 대한 정의를 새롭게 구성하려는 교육적 재사유의 시도라 할 수 있다.

한동대학교는 던져진 질문 앞에 멈추지 않았다. 미네르바대학교와의 협력은 프로그램을 도입하는 차원을 확장해 교육을 바라보는 태도를 전환하고 구조를 실험하는 시도였다. 시작부터 '가능한가'를 묻지 않았다. '어떻게 실현할 것인가'를 고민하며 불확실성, 재정 압박, 제도적 제약 속에서도 한 걸음씩 방향을 설정했다. 과정은 결코 평탄하지 않았지만 바로 그 긴장과 저항 안에 도전의 가치를 발견할 수 있었다.

지금 펼쳐지는 이 실천은 특정 대학의 실험으로 머물지 않는다. 교육의 방향성을 다시 정의하고자 하는 흐름은 뜻을 같이하는 교육자들과 공동체가 함께 만들어 가는 변화의 물결이다. 미네르바대학교가 던진 질문은 여전히 유효하다. 교실의 경계를 벗어나 배움의 방식을 재구성하려는 시도는 지금도 세계 곳곳에서 이어지고 있다. 그런 흐름 속에서 우리는 답을 모색하는 한국의 첫 번째 응답자가 되기를 선택한 것이다.

벤 넬슨 '미네르바 교육혁신' 강연(2024. 5. 8.)

한동대학교가 미네르바대학교와 협력해 운영하는 교과목은 다음과 같다.

학기	강의명
2024-2학기	Strategic Learning and Leadership(전략적 학습과 리더십)
	Creative and Decisive Thinking(창의적 결정적 사고)
2025-1학기	Applied Critical Thinking(응용 비판적 사고)
	Systems and Society(시스템과 사회)
2025-2학기	Strategic Learning and Leadership(전략적 학습과 리더십)
	Creative and Decisive Thinking(창의적 결정적 사고)
	AI, Culture and Arts Project(AI 문화예술 프로젝트)
	Introduction to Studies in Education(교육학개론)

2025년 2학기부터 한동대학교 교수들이 한동 고유의 교육철학을 반영한 새로운 교과목 두 개를 직접 개발한다. 동시에 지금까지 영어로만 진행되었던 수업을 한국어로도 제공하는 방향을 모색 중이다. 미네르바식 교육을 더 널리 확산시키기 위해서는 무엇보다 언어의 장벽을 넘는 것이 중요하다는 판단에서다. 교육의 형식은 변할 수 있어도 누구나 참여하고 성장할 수 있는 학습 환경을 마련하는 것이 핵심이다.

교육 모델의 중심에는 '미네르바 포럼(Minerva Forum)'이라 불리는 플랫폼이 있다. 인공지능 기술을 바탕으로 설계된 이 온라인 수업 환경은 학습의 모든 과정을 정밀하게 추적하고 분석한다. 교수의 발언 시간, 학생 개개인의 발화 비율과 내용, 상호작용의 질이 실시간으로 기록되며 이를 통해 학습 효과를 극대화하고 4C 역량(Critical Thinking, Creativity, Collaboration, Communication)의 내면화를 유도한다.

　AI가 정보를 빠르게 전달하고 정답을 제시하는 시대, 대학의 존재 이유는 더 분명해져야 한다. 지식을 축적하는 공간이 아니라 변화에 대응하고, 타인과 협력하며, 사고와 언어로 세상을 이해하는 힘을 스스로 기르는 곳. 그것이 지금 교육이 감당해야 할 과제다. 미네르바대학교와 함께한 여정은 가능성을 엿보게 했다.

　어떤 이들은 질문할지 모른다. 미네르바대학교처럼 낯선 방식의 교육을 받은 학생이 실제 사회의 문제를 해결할 수 있을까? 교과서에 없는 내용이 시험에 나오면 당황한다는 학생들의 고백을 많이 들어 왔다. 그렇다면 정답이 주어지지 않는 현실의 문제 앞에서는 더 큰 혼란을 겪게 되는 것이 아닐까?

　물론 질문은 타당하다. 그러나 바로 그 지점에서 미네르바 교육은 전통적 교육 방식의 한계를 넘어서는 뚜렷한 대안을 제시한다. 미네르바대학교가 추구하는 배움의 핵심은 정답을 맞히는 능력이 아니라 문제를 구성하고 해석하며 해법을 스스로 찾아가는 사고의 힘에 있다. 수업 시간마다 마주하게 되는 복합적이고 열린 질문들, 정해진 결론 없이 이어지는 토론과 협업은 실제 사회가 안고 있는 불확실성과 매우 닮아 있다. 이 교육 방식은 무엇을 알고 있는지를 평가하기보다 어떻게 생각하고 어떤 방식으로 타인과 상호작용하며 제한된 자원과 여건 속에서 최선의 결정을 내려가는지를 더 중요하게 여긴다.

대학은 현실을 흉내 내는 연습장이 아니라 사회와 유기적으로 연결된 살아 있는 학습의 장이 되어야 한다. 강의실 안에서만 유효한 이론은 실제의 문제 앞에서 힘을 잃는다. 졸업 이후 사회에서 마주할 수많은 도전은 교과서 속에 정리된 지식만으로는 감당할 수 없다. 지식은 빠르게 진부해지고, 기술은 끊임없이 진화하며, 문제는 언제나 새롭게 구성된다. 예측할 수 없는 세상에서 가장 필요한 역량은 변화에 능동적으로 대응하는 힘, 타인과 협력하며 공동의 해법을 찾아내는 능력, 그리고 자기만의 목소리로 세계와 소통할 수 있는 감각이다.

그래서 진짜 교육은 지식을 주입하는 일이 아니라 가능성을 깨우고 확장하는 일이다. 미네르바 수업을 들었던 한 학생에게 이렇게 물었다. "그 수업, 졸업 후에도 기억에 남을 것 같나요?" 학생은 망설임 없이 고개를 끄덕였다. "살면서 가장 많이 말하고, 가장 많이 듣고, 가장 많이 생각한 수업이었어요." 이 한 문장이 어떤 통계보다 더 정확하게 교육의 취지를 보여 준다.

한동대학교가 미네르바대학교와 손잡고 시작한 변화는 이 믿음에서 출발했다. 지금 우리가 도전하고 있는 교육의 실험은 단지 새로운 수업 방식을 도입한 일이 아니다. 배움이 무엇인지 대학이 왜 존재해야 하는지를 다시 묻는 일이다. 그리고 물음에 응답하려는 지금 이 길이야말로 미래 교육이 나아가야 할 하나의 방향이라 믿는다.

13.

서로 가르치고 배우는
참여형 교실 수업

"지식을 함께 짓는 배움의 공동체"

몇 해 전, 세계경제포럼(WEF: World Economic Forum)은 대학교육의 미래를 진단하는 보고서를 발표했다. 이 보고서는 기술의 급격한 발전과 사회 구조 변화 속에서 대학이 어떻게 대응하고 혁신할 수 있을지를 조망한 의미 있는 작업이었다. 특히 '미래 대학'이라는 개념은 과거의 성공 모델을 반복하는 방식으로는 더 이상 유효하지 않다는 메시지를 담고 있다.

WEF의 첫 번째 키워드는 '융복합(Transdisciplinary) 교육'이다. 오늘날 우리가 직면한 과제는 기후 위기, 팬데믹, 디지털 전환, 사회적 불평등 등 복잡성과 불확실성이 얽혀 있는 문제들이다. 이러한 구조적 난제는 단일 학문 영역의 지식만으로는 접근조차 어렵다. 다양한 분야의 지식이 교차하고 학문 간 경계를 넘나들며 통합적 사고와 실천이 동시에 이루어질 때만 비로소 해결의 실마리를 찾을 수 있다. 결국 학문 체계 자체를 재구성해야 한다는 요구가 등장하고 있으며, 융복합 교육은 이러한 배경에서 제안된 개념이다.

융복합 교육의 핵심은 '목적성'에 있다. 단일 학문 간 협업을 의미하는 학제 간 통합(Interdisciplinary) 수준을 넘어선 초학제적(Transdisciplinary) 접근은 기존 학문 구조를 해체하고 새로운 문제 중심으로 지식을 조직하는 방식이다. 기존 틀을 보완하는 수준에 머무르지 않고 실천 현장에서 지식을 재구성하는 학습이 이루어진다. 앞서 소개한 대로 유럽연합은 이미 20여 년 전부터 미션 지향적 혁신(Mission Oriented Innovation)과 미션 지향적 교육의 필요성을 강조해 왔다. 이제 교육은 이론에 머무르는 것이 아니라 인간과 사회의 실제 문제 해결에 기여해야 한다는 전환이 요청되고 있다. 결국 융복합 교육의 출발점은 '왜 배우는가?'에 대한 질문에서 비롯되어야 하며 목적이 명확할 때 학문은 현실과 연결되고 교육은 사회를 바꾸는 힘이 된다.

이러한 철학을 구체적으로 구현한 대표 사례 중 하나가 미네르바대학교다. 미네르바대학교는 교육과정 설계 초기 단계부터 융복합 문제 해결을 핵심에 두었다. 서로 다른 전공의 학생들이 팀을 이루어 실제 문제에 접근하는 프로젝트형 수업을 운영하며 지식의 경계를 넘나드는 공동 탐구 과정을 경험하게 한다. 이는 각자의 전문성을 바탕으로 타인의 시각을 받아들이고 협업을 통해 문제를 분석하고 해결해 나가는 방식으로 전개된다.

한동대학교 역시 프로젝트 중심 교육을 활발히 운영 중이다. 이 과정에는 복수전공을 이수하는 학생뿐 아니라 전공 배경이 전혀 다른 다양한 전공자들이 함께 참여한다. 한 가지 주제를 중심으로 경영, 공학, 인문, 국제 지역학 등 여러 전공 기반의 학생들이 한 팀을 구성함으로써 학문 간 융합이 자연스럽게 이루어지는 교육 구조를 갖추고 있다. 이때 전공 지식은 고립된 형태로 머무르지 않고 협업과 소통을 통해 유기적으로 연결되며 문제 해결의 도구로 살아 움직이게 된다.

　팀 내에서 학생들은 각자의 강점을 발휘하는 동시에 자신의 한계를 인식하고 동료의 전문성을 통해 이를 보완해 나가는 학습의 선순환을 경험한다. 이는 서로의 배움에 기여하는 '참여형 교실 수업'의 협력자이자 동역자로서 지식을 공동으로 구성하고 실천하는 학생 주체로 전환되는 장(場)이라 할 수 있다. 그 결과, 학생들은 문제를 다각도로 바라보며 전공 언어를 넘어선 통합적 사고를 함양하고 실질적 사회 문제에 적용할 수 있는 실행력을 키우게 된다.

　WEF가 제시한 두 번째 교육혁신의 흐름은 '탈공간화'다. 이제 대학교육은 물리적 공간, 즉 캠퍼스에 종속될 필요가 없다. 오늘날은 초연결 시대이며, 실시간 정보가 국경을 넘나드는 고속 사회다. 전 세계 어디에 있든 온라인을 통해 수업에 참여할 수 있는 환경이 갖춰진 지금 'Learning from everywhere'는 교육 현실이 되었다.

　이와 더불어 온라인 교육은 과거의 보완책을 넘어 본격적인 학습 플랫폼으로 자리 잡고 있다. 인공지능(AI)과 디지털 기술의 결합은 기존의 강의보다 더 높은 몰입도와 상호작용을 가능하게 하며 교육효과를 극대화하고 있다. 미네르바대학교의 경우 물리적 캠퍼스가 없어서 온라인 수업을 택한 것이 아니라 온라인 교육의 질적 우수성 때문에 굳이 캠퍼스가 필요 없다고 선언한다. 오늘날 교육혁신을 선도하는 대학들은 대형 강의실을 짓기보다 온라인 인프라에 투자

하고 있다. 이는 '캠퍼스 현대화'를 건축 사업으로 오해한 일부 대학에 시사하는 바가 크다.

세 번째 흐름은 평가 방식의 전환이다. 그동안 교육은 학생이 얼마나 '암기했는지'를 중심으로 평가해 왔다. 중간·기말고사와 과제 제출은 형식적인 학업 성취를 측정하는 주요 수단이었으나, 이 방식은 정보의 축적량을 측정하는 데 그치는 경우가 많았다. 최근에는 문제 해결 능력, 창의적 사고, 협업 태도, 자기 성찰 등을 포괄하는 새로운 평가 기준이 제시되고 있으며 이는 기존의 지필 시험으로는 도달할 수 없는 영역이다.

미네르바대학교는 인공지능을 활용해 수업 중 학생의 발언, 협업 태도, 반응 속도 등을 실시간으로 분석하고 응답을 바탕으로 정량·정성적 피드백을 제공한다. 학생은 수업의 수동적 수혜자에서 벗어나 주도적으로 수업을 이끌어 가는 주체로 성장하게 된다. 교수 또한 수업 데이터를 기반으로 교육 내용을 조정하고 개선할 수 있는 유연성을 확보하게 된다.

이처럼 글로벌 교육의 거대한 흐름을 일찍이 간파하고 선도적으로 실천한 대학이 애리조나주립대학교(ASU)다. 미국 피닉스에 위치한 이 대학은 마이클 크로(Michael Crow) 총장의 리더십 아래, 20년 넘게 미국 내 가장 혁신적인 교육 모델을 구축해 왔다. 크로 총장은 대학이 지역 사회를 넘어 인류의 문제 해결에 기여해야 한다는 철학을 가지고 있었으며 교육의 출발점을 '학생의 성공'이라는 개념에서 찾았다.

ASU는 학생 개개인의 삶에 의미 있는 변화를 이끌어 내는 것을 교육의 근간으로 삼고 학생 중심 수업을 실현해 왔다. 이 과정에서 강조된 것이 '참여형 교실 수업'이다. 학생이 수업의 중심에서 사고하고 토론하고 협력하는 학습 구조는 단지 교수법의 전환이 아니라 교육철학의 근본을 재설계한 결과였다. 연구 측면에서도 공공성과 실용성을 중시하며 성과가 사회에 환원될 수 있도록 방향을 설정해 왔다. 또한 기술을 단순한 보조 수단이 아닌 교육의 확장과 연결을 위한 핵심 자원으로 인식하며 세계적 수요에 맞춘 시스템을 지속적으로 고도화하고 있다.

WEF가 전망한 교육혁신은 막연한 미래의 이야기가 아니다. 이미 현실 속에서 진행되고 있으며, 우리는 지금 이 시점에서 질문을 던져야 한다. 교육은 어떤 사회를 지향해야 하는가? 학문은 인간의 삶을 어떻게 더 나은 방향으로 이끌 수 있는가?

한동대학교는 이러한 질문에 응답하며 교육의 본질을 고민하는 대학이 되고자 애써 왔다. 융복합적 사고를 촉진하는 프로젝트 기반 수업, 탈공간화를 실현하는 하이브리드 수업과 글로벌 로테이션 프로그램, 그리고 새로운 평가 방식을 시도하는 참여형 교실 수업까지. 한동의 실험은 형식적인 대응이 아니라 미래 교육의 방향을 함께 설계해 나가는 적극적 실천이라 할 수 있다. 지식을 넘어 삶을 위한 배움, 이것이 오늘날 우리가 추구해야 할 교육혁신의 정수가 아닐까.

14.

HTHT 학생 중심 교육으로
기술과 사람을 잇다

"배움의 가치는 여전히 사람에게"

미국 애리조나주립대학교(ASU: Arizona State University)의 교육혁신은 하나의 핵심 철학으로 요약될 수 있다. 바로 HTHT(High-Touch High-Tech) 방식이다. 이는 이름 그대로 최첨단 기술(High-Tech)과 인간적인 접촉과 소통(High-Touch)을 정교하게 결합한 새로운 고등교육 모델이다. 지식 전달의 패러다임을 뒤엎는 이 방식은 교육의 의미를 다시 묻고 재구성하는 시도이기도 하다.

HTHT 방식은 크게 두 축으로 구성된다. 하나는 수업 전에 이루어지는 어댑티브 러닝(Adaptive Learning)이다. 이는 AI 기반의 디지털 학습 시스템을 활용해 학생이 자신의 수준에 맞는 콘텐츠를 자기주도적이고 맞춤형으로 학습하는 과정이다. 고도의 알고리즘을 통해 학생의 현재 이해도와 학습 속도를 실시간으로 분석하고 적절한 난이도와 내용을 제시함으로써 맞춤형 학습 경험을 제공한다. 이 방식은 기술을 통한 교육 개인화라는 점에서 High-Tech에 해당한다.

다음은 강의실에서 진행되는 액티브 러닝(Active Learning)이다. 학생들은 팀을 이루어 토론하고 문제를 해결하며 실제 프로젝트를 함께 수행한다. 교수는 일방적 전달자가 아니라 학습의 설계자이자 조력자로서 역할을 수행한다. 이렇게 구성된 교실은 참여와 협력이 중심이 되는 배움의 공간으로 전환되며 학생들은 서로 가르치고 배우는 주체로 성장한다.

ASU가 HTHT 방식을 본격적으로 도입하게 된 계기는 수학 교육의 위기에서 비롯되었다. 수학은 ASU 학생들뿐만 아니라 우리나라 학생들도 매우 어려워하는 과목 중 하나다. 우리나라에서도 많은 학생이 '수포자', 즉 '수학 포기자'가 되어 버리는 현상이 심각한 사회적 문제로 지적되고 있다. ASU 역시 상황이 다르지 않았다. 특히 1학년 교양 수학 수업에서 낙제율이 높았고, 학생들의 대학 중도 포기와 연결되면서 대학 운영 전반에 재정적 부담을 초래하고 있었다.

문제의 원인은 수업의 '평균화'에 있었다. 수학을 어렵게 느끼는 이유는 대부분 학생 개인의 선행 지식이나 이해도가 제각각이기 때문이다. 수준 차가 큰 학생들이 한 교실에 모이게 되면 중간 수준에 맞춘 강의는 절반의 학생에게는 지나치게 어려워 이해를 방해하고, 나머지 절반에게는 지나치게 쉬워 집중력을 떨어뜨린다. 결국 양쪽 모두에게 비효율적이고 무의미한 학습으로 귀결되는 셈이다.

이런 문제를 해결하기 위해 ASU는 AI 기반의 디지털 학습 시스템을 도입하기 시작했다. 대표적인 예가 미국의 대표 교육출판회사 맥그로힐이 개발한 알렉스(ALEKS: Assessment and Learning in Knowledge Spaces)다. 이 시스템은 각 학생의 응답을 분석해 즉각적으로 난이도를 조정하고 학생이 핵심 개념을 이해할 때까지 반복적으로 문제를 변형해 제시한다. 오답이 계속되면 시스템은 더 쉬운 단계로 돌아가고 이해가 확인되면 다음 단계로 넘어간다. 이 과정은 마치 학생 한 명 한 명에게 맞춤형 튜터가 붙어 있는 것과 같은 학습 경험을 제공한다.

이와 동시에 교수는 AI 시스템이 수집한 데이터를 바탕으로 어떤 개념에서 많은 학생이 어려움을 겪었는지를 파악하고, 실제 교실에서는 핵심 개념을 중심으로 학생들과 함께 문제를 풀며 개념을 재정리해 나간다. 이때의 수업은 강의가 아니라 학생과 교수 간 공동 탐구의 장이 된다. 학생들은 동료들과 함께 토론하며 풀이 전략을 공유하고 서로의 오해를 바로잡는 과정을 통해 개념을 더 명확히 이해하게 된다.

결과는 놀라웠다. HTHT 방식이 도입된 이후 낙제율이 급격히 줄었고 수학 수업을 끝까지 이수하는 학생의 비율이 높아졌다. 수학을 포기하지 않게 되면서 자연스럽게 대학을 중도 이탈하는 학생 수도 감소했다. 교육의 결과가 학습의 지속 가능성과 자기 효능감으로 이어진 것이다.

이러한 HTHT 방식은 이제 수학을 넘어 통계학, 데이터과학, 경제학, 생물학 등 기초 및 응용 학문 전반으로 확장되고 있다. 학생이 자신의 수준에서 출발해 개별화된 경로로 학습하고 협력적 수업을 통해 학습 내용을 재구성하는 이 모델은 지식 전달의 패러다임을 재정립하고 있다.

이러한 철학은 국내에서도 적극적으로 실천되고 있다. 한동대학교는 2024년 6월 ASU와 뜻깊은 업무협약을 체결하고 HTHT 기반의 교육혁신을 위한 공동 협력을 시작했다. 이번 협약은 지속 가능한 고등교육 모델을 함께 설계하고 실현해 나가자는 양 대학의 비전과 철학이 맞닿은 결과였다. 특히 인공지능 시대를 살아가는 학생에게 진정한 배움이란 무엇이어야 하는지에 대한 고민과 공감이 협력의 중심이 되었다. ASU가 축적해 온 HTHT 실천 경험과 한동대학교가 그간 지역과 글로벌을 아우르며 실천해 온 프로젝트 기반 교육 노하우가 만나 향후 학부 및 대학원 프로그램 공동개발, 연구 협력, 교수진 교류 등 다각도의 협력을 도모하고 있다.

한동대학교는 이미 국내 HTHT 대학 컨소시엄의 회장교이자 챔피언 대학으로서 학생 중심의 프로젝트 기반 교육을 선도적으로 운영해 왔다. 지역 사회의 실제 문제를 교육 현장으로 가져오고 이를 글로벌 시각으로 재해석하며 학생들이 스스로 해결책을 설계하고 실행하는 과정을 통해 기술과 공동체, 개인과 사회를 연결하는 교육 실천을 이어 가고 있다. 이는 HTHT의 핵심 가치와 정확히 맞닿아 있다. ASU가 2019년 설립한 대학 디자인 연구소(The University Design Institute)와 연계 또한 한동대학교가 그간 추구해 온 교육철학을 더 확장시키는 기반이 되고 있다. 한동대학교 역시 'High-Tech'의 도구성과 'High-Touch'의 균형을 이루는 교육 환경을 확대 조성함으로써 미래 세대에게 더 깊이 있는 배움과 실천의 기회를 제공하고자 한다.

사람과 사람 사이의 신뢰와 상호작용을 추구하는 HTHT 교육 현장

 HTHT는 기술 중심의 발전만을 뜻하지 않는다. 그것은 기계가 교육을 대체하는 미래적 시나리오가 아니라 기술이 인간의 학습 과정을 더 정교하게 보완하고 촉진하는 방향으로 진화하고 있다는 명확한 신호다. HTHT는 사람과 기술을 이분법적으로 나누는 기존의 사고에서 벗어나 두 요소가 공존하고 유기적으로 작동할 수 있음을 보여 주는 실천적 교육 모델이다. AI는 학생의 수준과 학습 패턴을 분석해 개별화된 학습 환경을 설계하고, 교수는 이 데이터를 바탕으

로 더 섬세하게 학생을 이해하며 정서적·인지적 지원을 제공한다. 기술은 학습의 방향을 안내하고 사람은 길 위에서 의미 있는 관계를 맺는다. HTHT는 바로 이 데이터와 감정, 알고리즘과 공감이 만나는 지점에서 펼쳐지는 새로운 형태의 교육혁신이라 할 수 있다.

이러한 HTHT 교육 방식은 앞으로의 대학이 어떤 역할을 수행해야 하는지를 묻는 질문에 대한 하나의 답이 될 수 있다. 정보를 일방적으로 전달하는 기존 방식에서 벗어나 학생이 자기 삶의 주체로 성장하도록 돕는 교육. 강의실이라는 공간 안에만 머무르지 않고 기술을 통해 시공간을 확장하며 동시에 사람 사이의 접촉과 협력을 통해 배움의 깊이를 더해 가는 구조. HTHT는 바로 그런 새로운 대학혁신의 모델이다.

기술은 인간의 학습을 더 잘 이해하고 지원하는 방향으로 진화할 때 진정한 의미를 가진다. HTHT는 가능성을 구체화하는 구조이며 교육이 향해야 할 철학적 지향점을 담고 있다. 기술의 정교함은 필요하지만 배움의 깊이와 지속성은 여전히 사람과 사람 사이의 신뢰와 상호작용에서 비롯되는 법이다. 교육은 결국 인간에 대한 이해에서 출발해야 하며 HTHT는 가능성을 실현하는 플랫폼이라고 생각한다.

사람과 사람 사이의 신뢰와 상호작용을 추구하는 HTHT 교육 현장

우리 한동대학교는 앞으로도 기술과 사람, 데이터와 가치, 알고리즘과 공동체를 연결하는 통합적 교육 환경을 만들어 가고자 한다. 빠르게 변화하는 시대 속에서 HTHT는 교육이 어떤 방향으로 나아가야 하는지를 증명해 보이고 있으며, 한동대학교는 그러한 변화의 중심에서 지속 가능하고 포용적인 고등교육 생태계를 설계해 나갈 것이다. 배움의 가치를 잃지 않으면서도 미래를 향해 나아가는 대학, 그것이 내가 지향하는 대학교육 혁신의 방향이다.

15.

배움의 내재화가
교육혁신의 핵심

"자기강화적 배움-공헌 모형"

배움의 끝은 지식일까, 아니면 세상을 바꾸는 행동일까?

지금 교육은 이 질문 앞에 서 있다. 과거에는 배움이 정답을 외우고 지식을 축적하는 일에 머물렀다면 오늘날의 교육은 새로운 형태의 '실천적 지성'을 요구한다. 배움이란 결국 세상을 이해하고 더 나은 방향으로 바꾸기 위한 시작점이어야 한다는 생각이 점점 더 확산하고 있다. 특히 기술의 발달은 이 변화에 결정적인 역할을 하고 있다. 인공지능과 디지털 교재, 알고리즘 기반의 학습 시스템은 이제 학생에게 맞춤화된 경험을 제공하며 교육의 핵심 가치를 다시 묻는다.

최근 인공지능(AI) 기술이 비약적으로 발전하면서 AI 기반 디지털 교재(AIDT: AI Digital Text)의 완성도 역시 빠르게 향상되고 있다. 이와 함께 HTHT(High-Touch High-Tech) 교육의 실천 수준도 눈에 띄게 진화하고 있다. 한동대학교는 이 변화의 흐름 속에서 미네르바대학교와 ASU 등 세계 각국의 교육혁신 기관들과 협력하며 HTHT의 철학을 토대로 자율적이고 지속 가능한 학습의 구조를 구상해 왔다. 그 결과물 중 하나가 바로 '자기강화적 배움-공헌 모형(Autocatalytic Model of Learning and Engagement)'이다.

이 모형은 선형적 교육과정에서 벗어나 AI 기술과 인간 교수의 상호작용을 통해 학생이 자기 속도와 방식에 따라 학습하고 배움을 실천과 성찰로 확장하는 하나의 순환적 흐름을 제시한다.

아래 도식은 이러한 학습 구조를 네 가지 단계로 나누어 설명한 것이다. 이 과정은 단순한 수업 설계가 아니라 학생이 사회와 세계 속에서 자신의 배움을 어떻게 구체화하고 기여할 수 있을지를 함께 설계하는 교육의 청사진이기도 하다.

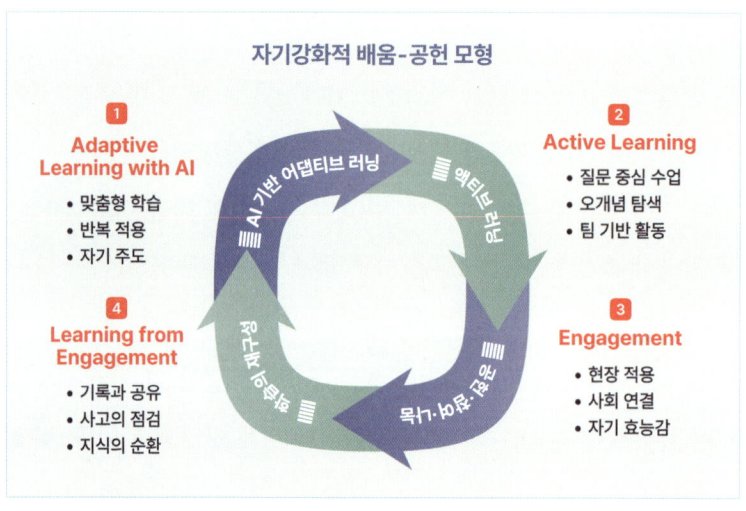

❶ AI 기반 어댑티브 러닝(Adaptive Learning with AI)

첫 단계는 'AI 기반 어댑티브 러닝(Adaptive Learning with AI)'이다. 이 단계는 수업 이전에 학생이 스스로 학습을 설계하는 시점에서 시작된다. 학생은 AI 기반 디지털 교재(AIDT)를 통해 자신에게 최적화된 난이도의 콘텐츠를 제공받고 개별화된 학습 여정을 시작한다. 인공지능은 학생의 응답을 실시간으로 분석해 질문의 난이도를 조절하고 학생이 특정 개념을 정확히 이해할 때까지 반복적으로 문제를 변형해 제시한다. 오답이 이어지면 좀 더 쉬운 개념으로 돌아가고, 정답이 쌓이면 점차 높은 수준의 사고로 안내한다.

이 같은 일련의 과정은 마치 개인 튜터가 곁에서 밀착 지도를 하는 듯한 정밀함을 갖고 있으며, 20여 개의 맞춤형 Q&A를 통해 학생은 해당 주제의 핵심 개념과 학습 목표를 자율적으로 달성하게 된다. 이렇게 학생이 자신의 속도에 맞춰 개념을 내면화한 상태로 교실에 들어서게 되면 교실은 이해를 공유하고 사고를 심화시키는 실험실로 전환된다.

❷ 액티브 러닝(Active Learning)

두 번째 단계는 교실에서 이루어지는 '액티브 러닝(Active Learning)'이다. 이 단계에서 교실은 지식을 일방적으로 전달하는 강의장이 아니다. 교수는 학생들이 사전에 수행한 어댑티브 학습 데이터를 바탕으로 다수가 어려움을 겪은 개념이나 공통된 오개념을 중심으로 수업을 설계하고, 때로는 AI의 분석 결과를 수업 설계에 반영하기도 한다. 학생들은 사전에 준비한 내용을 바탕으로 팀을 이루어 실생활 사례를 중심으로 토론하고 창의적인 해결 방안을 함께 탐색하며 발표를 통해 의견을 공유한다. 교수는 질문을 던지고 학생은 되묻는다. 또한 5분 토론 시간을 통해 서로의 시각과 논리를 교환하면서 학습이 점차 깊어지고 넓어진다.

이 단계는 학생이 지식을 스스로 구조화하고 언어화하며 자신의 생각에 의미를 부여하는 주체로 성장하는 결정적 전환점이다. 교실은 이제 교사와 학생이 함께 질문을 빚어내는 살아 있는 지성의 공동체가 된다.

❸ 공헌(Engagement)

세 번째 단계는 교실 밖에서의 공헌적 참여, 즉 '배움을 현실에 적용하며 사회와 연결하는 과정'이다. 학생들은 이제 자신이 내면화한 지식을 실제 문제에 적용해 보는 현장 중심의 프로젝트 학습에 참여한다. 지역 사회의 수질 오염 문제를 다루거나 국제 NGO와 협력해 개발 협력 활동에 참여하는 등 학문과 삶의 경계를 넘는 실천의 장이 열리게 된다. 한동대학교는 이 과정을 'Engagement', 더 구체적으로는 '공헌(貢獻)'의 단계로 정의한다. 공헌과 참여와 나눔이 일어나며 학습의 성과가 나타난다. 단지 현장에 참여하는 것에 그치지 않고 활동이 사회에 실질적으로 기여할 수 있다는 인식이 핵심이다.

공헌은 쌍방향이다. 학생은 실제 맥락 속에서 배움을 검증하며 더 넓은 세계를 경험하고 복잡한 문제를 다루며 사고의 깊이와 통합적 사고력을 기르게 된다. 동시에 지역 사회나 국제 현장은 학생들의 시도와 결과로 작든 크든 긍정적인 영향을 받으며 새로운 가능성을 맞이하게 된다. 이 과정은 교실에서 시작된 배움이 사회적 실천으로 확장되는 첫걸음이며, 학생에게는 자기 효능감을 심어 주는 계기가 된다.

❹ 학습의 재구성(Learning from Engagement)

네 번째 단계는 학습의 재구성, 곧 '나의 배움이 누군가의 배움으로 이어지도록 기록하고 공유하는 과정'이다. 현장에서의 실천과 경험은 학문적 언어로 다시 정리되며 학생들은 프로젝트의 전 과정을 논문, 보고서, 발표 등의 형태로 구체화해 나간다. 교수는 피드백을 통해 사고의 방향을 잡아 주고 학생은 이를 반영하며 논리적 설득력과 표현력을 갖춘 결과물로 완성해 간다. 이 자료는 다음 세대 학생들에게는 생생한 참고 자료가, AI 시스템에는 데이터 기반 향상 학습의 자원이 된다.

이러한 재구성은 형식적인 지식 정리가 아니다. 배운 것을 언어화하고 구조화하는 과정에서 학생 스스로 자신의 사고를 점검하고 배움의 여정을 반추하게 된다. 동시에 이 결과물이 다시 학생 공동체의 일부로 돌아가면서, HTHT 모형은 지식의 '소비'에서 '생산'으로 개인의 학습에서 집단의 성장으로 이어지는 순환의 고리를 완성하게 된다. 이처럼 한동형 HTHT 모형은 '학습-참여-공헌-재생산'이라는 전인적 흐름으로 발전하고 있다.

'배움의 끝은 어디인가?'라는 질문은 오랫동안 교육자로서 붙들어 온 근본적인 화두였다. 지식 습득은 교육의 출발점에 불과하며 세상을 변화시키는 실천으로 확장될 때 비로소 온전한 학습으로 완성된다는 믿음을 품어 왔다. 단편적인 암기나 정답을 맞히는 데 머무르는 교육은 인간의 성장과 사회의 진보를 이끌 수 없다는 확신이 나의 교육철학을 형성해 왔다.

배움은 결국 삶을 해석하는 인식의 틀이어야 하며 개인의 성찰을 넘어서 공동체에 기여하는 구체적 행위로 구현되어야 한다. 이러한 차원에서 학생의 자기 동기화를 유도하고 배움을 실천으로 확장할 수 있는 순환형 구조를 구상했다. 그리고 결과가 바로 '학습-참여-공헌-재생산'이라는 흐름을 중심으로 구성된 한동형 HTHT 모델이다.

교육혁신의 핵심은 결국 '배움의 내면화(Internalization)'에 있다. 아무리 정교하게 설계된 시스템과 고도화된 학습 콘텐츠가 존재한다 해도 그것이 학생의 인지, 정서, 행동에 깊이 스며들지 않는다면 실질적 변화는 기대할 수 없다. 내면화란 학습된 지식을 스스로의 언어로 재해석하고, 자신이 처한 구체적 맥락 속에서 적용하며, 또 다른 배움을 생성할 수 있는 자기 주도적 역량의 발현을 의미한다.

HTHT가 강조하는 기술과 사람의 연결은 바로 이 내재화의 깊이를 확보하기 위한 새로운 시도다. AI가 학습 경로를 안내하고, 교수는 질문을 던지며, 학생은 그 안에서 자신의 의미를 찾아가는 여정이 곧 미래 교육의 본보기가 될 수 있다.

이제 우리는 교육을 '전달의 기술'이 아닌 '변화의 생태계'로 보아야 한다. 빠르게 변화하는 시대 속에서 살아 있는 교육이 되기 위해서는 배움이 행동으로 이어지고 행동이 다시 공동체 안에서 공유되며 순환하는 구조가 필요하다. 한동대학교가 추구하는 HTHT 모델은 바로 순환의 고리를 실험하고 확장하는 모형이다. 결국 교육의 진짜 혁신은 새로운 콘텐츠도 첨단 기술도 아닌, 학생의 내면에서 일어나는 변화에 대한 끊임없는 신뢰와 기다림으로부터 시작된다. 배움의 끝은 지식이 아니다. 그것은 세상을 바꾸는 '사람'이다.

part 4

글로벌 시민의식과
대학교육
- 인간다움의 회복

16.

Me-First 시대의 도래와
인간다움의 위기

"윤리의 좌표를 잃은 사회"

'나부터 살아야 한다?'

영화 〈버티칼 리미트(Vertical Limit)〉의 초반부, 한 가족이 함께 암벽을 오르던 중 갑작스러운 사고가 발생한다. 줄이 끊어지기 직전에 아버지는 자신이 매달려 있는 로프를 칼로 잘라 딸과 아들을 구한다. 목숨을 건 자기희생의 순간은 영화적 과장이 아니라 현실에서도 종종 목격되는 인간다움의 극치다. 부모가 자식을 위해, 때로는 전혀 모르는 타인을 위해 자신의 생명을 내던지는 선택은 인간이라는 존재가 단순한 생존의 본능을 넘어선 윤리적 감각과 사랑을 지녔다는 사실을 상기시킨다. 우리는 그러한 이야기에 감동하고 용기와 헌신에 경외감을 느낀다. 그 장면은 '인간다움이란 무엇인가?'라는 질문을 되새기게 만든다. 그것은 논리나 본능으로 설명하기 어려운 그러나 분명하게 존재하는 고귀한 결단이다.

반면 영화 〈타이타닉(Titanic)〉에서는 정반대의 장면이 펼쳐진다. 침몰하는 배 위에서 사람들은 앞다퉈 구명보트를 향해 몰려든다. 삶과 죽음을 가르는 절박한 상황 속에서 사람들은 질서도 윤리도 뒤로한 채 자신을 구하는 데 몰두한다. 여성과 어린아이를 제치고 보트에 먼저 오르려는 사람, 부유층이 힘으로 줄을 끊고 먼저 탈출하는 장면들은 우리에게 불편한 질문을 던진다. 과연 인간은 이기적인 존재일까? 위험 앞에서 드러나는 본능은 모두 이런 모습뿐일까?

이처럼 인간은 '타인을 위한 존재'이면서 동시에 '자기 생존을 최우선시하는 존재'라는 양가적인 본성을 함께 지니고 있다. 앞서 언급한 것처럼 〈버티칼 리미트〉의 아버지와 〈타이타닉〉의 승객들은 모두 인간의 본능적 충동을 반영한 사례다. 전자는 공감과 연대의 확장을 보여 주고, 후자는 위협 앞에서 드러나는 본능적 자기 보존의 얼굴을 보여 준다. 우리는 종종 이 두 모습 사이에서 스스로를 판단하거나 타인을 평가하지만, 사실 이 두 본성은 상호 모순이라기보다 한 인간 안에 공존하는 힘이다. 인간다움은 언제나 이 긴장 사이에서 시험받는다. 그리고 시험대는 극적인 위기보다도 일상의 아주 사소한 선택에서 더 자주 놓여 있다.

예컨대 지하철 좌석 하나를 두고 누가 먼저 앉을지 눈치를 보는 순간, 정체된 도로에서 끼어들기를 허용할 것인지 망설이는 순간, 직장에서 동료의 실수를 보고 모른 척 지나칠지 말지 갈등하는 순간 등의 갈림길에서 우리는 알게 모르게 '나부터(Me-First)'의 유혹과 대면한다. 인간다움은 위대한 결단보다도 이런 자잘한 장면 속에서 조용히 드러난다. 문제는 이러한 선택들이 이제는 도덕적 판단의 결과가 아니라 효율성과 생존을 위한 본능적 대응으로 굳어지고 있다는 데 있다. 왜 우리는 특별한 위기나 극적인 재난이 없었음에도 Me-First로 기울어졌는가?

Me-First가 위기 상황에서의 특수한 반응이 아니라 오늘날 일상적인 삶의 태도로 자리 잡았다는 점이 핵심이다. 어느새 우리는 일상에서 자동적으로 '나 먼저', '내가 손해 보면 안 된다', '내 이익이 먼저'라는 기준을 기본값처럼 작동시키고 있다. 타인의 입장을 고려하거나 공동의 이익을 상상하는 능력은 점점 더 사라진다. 심지어 그것은 '순진한 이상주의'로 취급되기까지 한다. 경쟁이 일상화된 사회, 성과가 곧 존재의 증명이 되는 사회에서 공감은 비효율이고 연대는 불편한 일로 치부된다.

현대 사회는 이제 강도 높은 위기 상황을 필요로 하지 않는다. 일상의 모든 영역이 경쟁과 평가로 채워져 있기 때문이다. 학생들은 초등학교 때부터 줄을 세우는 평가에 익숙해져 있고, 직장인은 상시 성과 시스템 속에서 동료보다 더 돋보이려고 몸을 사린다. 심지어 사적인 인간관계마저 성과와 효율의 잣대로 관리된다. 대인 관계에서도 '좋아요'와 '조회 수'의 위계가 스며들고 결국 사람들 사이의 관계조차 경쟁의 장이 되어 버린다. 이런 조건에서 '나부터'의 감각은 선택이 아니라 생존 전략처럼 작동한다.

구약성경 사사기에는 "그때에는 이스라엘에 왕이 없었으므로 사람마다 자기 소견에 옳은 대로 행하였더라"(삿 17:6)라는 구절이 등장한다. 이는 정치적 권위의 부재를 뜻하는 것이 아니다. 규범이 약화되면 인간은 자기중심적 판단으로 흐를 수밖에 없다는 고전적 통찰을 담고 있다. 오늘날의 사회 또한 개인화가 극단화되고 공동의 규범이 붕괴되며 타인에 대한 책임을 감각할 수 있는 구조가 사라지고 있다. 각자도생(各自圖生)의 시대에 Me-First는 도덕적 타락이 아니라 합리적 태도로 간주되기까지 한다. 바로 이 점이 우리 시대의 심각한 역설이다.

여기에 디지털 기술과 인공지능의 확산은 결정적인 배경을 제공한다. 알고리즘은 '내 취향', '내 관심', '내 경험'에 맞춘 콘텐츠만을 무한히 제공하며 나와 다른 타인의 삶은 점점 가시권 밖으로 밀려난다. 이른바 '필터 버블(Filter Bubble)' 현상은 인간을 관계의 존재가 아니라 소비자 중심의 데이터로 고립시킨다. 결국 우리는 함께 사는 존재가 아니라 나만의 경험과 정보를 강화받는 개인으로 남는다. 타인의 목소리는 불편한 '외부 소음'이 되고, 불편함을 걸러 주는 기술은 오히려 고마운 도구가 될 때도 있다.

소셜 미디어는 더 직접적이다. 그곳에서는 공감보다는 주목이 중요하고, 진정성보다는 연출된 삶이 더 많은 '좋아요'를 얻을 때가 있다. 사람들은 타인의 고통에 '좋아요'를 누르며 동시에 자기 일상의 고통은 필터링해 아름답게 포장한다. 끊임없이 비교가 이루어지고 그 안에서 사람들은 무기력하거나 혹은 더 과도하게 자기 자신을 부각시키는 쪽으로 기울어진다. 이 과정에서 공감 능력은 점차 희미해지고 대신 자기 과시에 능숙한 사람이 더 큰 영향력을 갖는 시대가 되었다.

우리는 점점 더 감정 대신 반응을, 성찰 대신 즉시성과 속도를, 관계 대신 효율을 요구받는 삶으로 향하고 있다. '느림'이나 '망설임', '여백' 같은 인간적인 리듬은 비효율로 간주되고 빠르게 판단하고 즉시 반응하는 사람이 유능하다고 여겨진다. 회의에서는 먼저 말하는 사람이 리더로 인식되고, SNS에서는 가장 빠르게 반응하는 사람이 주목을 받는다. 그 결과 우리는 '생각하는 존재'라기보다 '즉시 반응하는 존재'로 길들어 간다.

첨단 기술의 발전은 인간다움을 더욱더 절실히 회복해야 할 이유로 바꾸어 놓았지만, 오히려 우리는 그것을 가장 먼저 내려놓았다. 그렇다면 지금 우리는 어디쯤 와 있는가? 타인의 고통에 공감하고 공동체의 지속 가능성을 고민하고 공정함에 분노할 줄 아는 감수성은 점점 더 희귀한 덕목이 되어 간다. 이는 단지 기술 발전의 문제가 아니다. 오히려 인간됨을 가르치고, 성찰하게 하고, 타인과의 관계를 성립시키는 '교육'의 역할이 무너지고 있다는 사실을 방증한다. 대학교육은 이제 지식의 축적만으로는 충분하지 않다. 인간다움을 회복하고 도덕적 감각을 되살리는 데 기여해야 한다.

우리가 마주한 Me-First 시대는 일시적인 트렌드가 아니다. 교육이 무엇을 우선순위에 두고 있는지를, 사회가 무엇을 이상으로 삼고 있는지를 비추는 거울이다. 이제는 인간다움의 회복을 다시 이야기할 때다. 공동체 안에서 타인을 배려하고 윤리적 감각을 유지하며 자기의 존재 의미를 타인과의 관계 속에서 재정립하는 삶. 그것이 기술을 넘어서는 인간성의 미래이자 교육이 지향해야 할 방향이다.

오늘 우리는 무엇을 배우고 무엇을 잃고 있는가?

AI보다 빠르고, 효율적이며, 정확하게 살기보다 인간다움을 잃지 않고 살아가는 법을 배우는 것. 그것이야말로 이 시대에 가장 시급한 교육혁신이다.

17.

정직의 문화가 만들어 내는
양심 공동체

"공적 질서의 최소 단위"

어릴 적 나는 유난히 경쟁심이 강한 아이였다.

걸을 때도 남보다 빨리 걸으려 하고, 어떤 일을 할 때도 남보다 더 빨리 그리고 많이 하려고 했다. 소위 경쟁심과 의욕이 앞서는 어린이였다. 그래서였는지 나보다 체구가 컸던 친구들에게 눈엣가시가 되었던 듯하다. 초등학교 3학년 무렵 나를 지켜 준 이는 옆자리에 앉은 친구 윤수(가명)였다. 그 시절 우리 반에서는 매일 수학 시험을 보았는데, 나는 매번 시간에 쫓겨 마지막 몇 문제를 틀리기 일쑤였다. 어느 날 윤수에게 한 가지 제안을 했다. "내가 앞부분 문제를 풀테니 네가 뒷부분을 풀고 서로 답을 보자." 윤수는 자신이 혼자 풀어 좋은 성적을 받기는 어렵다며 제안을 받아들였다. 우리는 서로의 답을 보며 시험지를 채워 나갔고 결국 선생님에게 발각되었다.

윤수는 공부를 잘 못하는 아이였기에 나보다 훨씬 더 심하게 야단을 맞았다. 그러나 상황의 진짜 주도자가 나였다는 사실은 끝내 말하지 못했다. 그날 이후 마음속 깊은 곳에 윤수에 대한 미안함이 자리 잡았고, 나는 다짐했다. 어떤 상황에서도 정직하지 않은 방식으로 성과를 얻지 않겠다고. 그날의 사건은 내게 값비싼 예방 주사가 되었다.

그로부터 수십 년이 흐른 어느 날, 우리 아이의 초등학교 담임 선생님으로부터 편지 한 통을 받았다. 아이가 시험 도중 교과서를 보고 답을 썼다는 것이다. 자식을 통해 다시 마주한 부끄러움 앞에서 나는 교육자인 동시에 부모로서 깊이 반성했다. 담임 선생님에게 진심을 담아 편지를 썼고, 아이에게는 시험 점수보다 더 중요한 것은 정직함이라는 사실을 거듭 말했다. 아빠로서 충분히 관심을 기울이지 못한 책임을 아이 앞에서 고백하며 진심 어린 사과를 건넸다. 그날 아이도 인생의 중요한 예방 주사를 맞았을 것이다.

돌이켜 보면 정직은 교육의 결과이기보다는 삶의 맥락 속에서 서서히 길러지는 성품이었다. 정직이나 성실함, 겉과 속이 일치하는 태도, 남을 배려하는 마음 같은 인성은 교수의 강의나 총장의 훈시로 주입될 수 있는 성질의 것이 아니다. 그것은 교과서나 리더십 지침서를 통해 단기간에 익힐 수 있는 기술이 아니라 가정과 학교, 그리고 공동체가 함께 만들어 낸 문화 속에서 자연스럽게 체화되는 가치다.

시험에서 부정행위를 저질렀을 때 마음 깊이 죄책감을 느끼는 감정은 결국 사회에 '정직'을 중요한 미덕으로 여기는 문화가 형성되어 있기 때문일 것이다. 그러나 우리는 종종 남의 글을 표절해 논문이나 에세이를 작성하고도 부끄러움을 느끼지 않는 사회적 현실과 마주친다. 공직자 청문회장에서 "그땐 이게 나쁜 줄 몰랐다"라고 항변하는 모습은 정직에 대한 사회적 감수성이 얼마나 허약해졌는지를 여실히 보여 준다.

지금 우리의 현실을 들여다보면 정직한 사람이 도리어 손해를 보는 사회가 되어 버린 듯하다. 시험에서 부정행위를 저질러 좋은 성적을 얻고, 이력서를 부풀려 유리한 직장을 구한다. 또한 거짓으로 가득한 사업 계획서로 자금을 끌어오거나, 사실과 다른 말로 유권자의 표심을 얻고, 실험 결과를 조작해 논문을 내는 사례는 더 이상 낯설지 않다. 거짓은 특정 개인의 일탈이 아니라 사회 전반에 퍼진 하나의 문화처럼 작동한다. '남들도 다 그렇게 하니까'라는 자기합리화는 거짓을 용인하는 분위기를 더 공고히 한다. 그 결과 사회는 정직한 사람보다 눈치 빠른 사람이, 성실한 이보다 요령 있는 이가 더 쉽게 보상받는 듯한 풍토에 물들어 간다. 정직은 선택이 아니라 리스크로 여겨지고, 성실은 이상이 아니라 손해 보는 태도로 치부된다.

그러나 다행히 모든 공동체가 이런 흐름에 무기력하게 휩쓸려 가는 것은 아니다. 한동대학교는 개교 이래 지금까지 모든 시험에서 '무감독 양심시험'을 시행하고 있다. 시험 시간에 교수는 교실을 비우고 시험이 끝난 뒤 조교가 답안지를 수거해 전달하는 방식이다. 누구도 감시하지 않지만 학생들은 양심에 따라 정직하게 시험을 치른다. 극소수의 예외를 제외하면 학생 대부분은 이 원칙을 자발적으로 지켜 낸다.

이러한 정직의 문화는 한동대학교 구성원 개개인의 삶에서 실질적이고 구체적인 방식으로 나타난다. 의학전문대학원에 진학한 한 졸업생의 이야기가 대표적 사례다. 그는 어느 날 시험을 치르기 위해 강의실에 들어갔는데 그곳에서 마주한 풍경에 충격을 받았다. 다수의 학생이 휴대전화를 꺼내 들고 자료를 검색하며 답안을 작성하고 있었던 것이다. 시험 규정상 명백한 부정행위였지만 주위 누구도 제지하지 않았고 감독 또한 느슨했다. 그러나 이 학생은 그러한 분위기에 휩쓸리지 않고 오직 자신의 기억과 노력에만 의지해 시험을 치렀다. 시험을 마친 후 집으로 돌아가 아버지에게 그날 일을 말했다. 아버지가 물었다. "그 상황에서 너 혼자만 정직하게 시험을 보는 게 손해 아니었니?" 이에 딸은 조용히, 그러나 확고하게 대답했다. "아빠, 저는 우리 학교에서 그렇게 배우지 않았어요." 이 한마디는 평소 자녀의 인격적 성장을 바라던 아버지에게 깊은 울림을 주었고, 그는 내게 이 이야기를 전하며 무척 자랑스러워했다.

또 다른 졸업생 B군 역시 한동대학교의 정직 교육이 개인의 삶에 어떤 영향을 미치는지를 잘 보여 준다. 그는 한 대기업 면접에서 '대학에서 무엇을 배웠는가?'라는 질문을 받았을 때, 잠시의 망설임도 없이 "저는 정직을 배웠습니다"라고 대답했다. 이 말은 미덕의 강조가 아니었다. 학창 시절 내내 무감독 양심시험과 공동체 중심의 생활을 통해 체득한 삶 자체였다. 이 대답은 면접관에게 깊은 인상을 남겼고, B군은 해당 기업에 합격했다.

정직이 중요하다는 사실을 모르는 이는 없다. 그러나 그것이 손해로 이어질 수 있다는 두려움 때문에 많은 사람이 양심보다는 타협을 택하곤 한다. 앞선 일화들은 한동대학교가 단지 정직을 '가르치는' 곳이 아니라 그것을 삶의 방식으로 살아 내도록 훈련하는 공동체임을 보여 준다. 정직은 시험장에서, 면접 자리에서, 그리고 일상적인 선택의 순간마다 살아 숨 쉬는 가치가 되었다. 그리고 이러한 정직의 실천은 사회 전반의 도덕적 역량, 곧 '신뢰할 수 있는 사회'를 만들어 가는 기반이 될 수 있다.

정직함(Honesty)은 사람됨의 최고 가치다. 누군가는 이 가치를 위해 자신의 안위마저 내던진다. 수많은 사회 운동가와 고발자, 그리고 이름 없는 평범한 이들이 '사람답게 사는 일'을 위해 감당해 온 용기는 모두 정직이라는 내면의 나침반에서 비롯되었다. 정직과 성실은 개인의 품성일 뿐 아니라 공동체와 국가의 경쟁력을 좌우하는 근본 자산이기도 하다. 미국 정치철학자 프랜시스 후쿠야마(Francis Fukuyama)는 바로 이러한 가치를 바탕으로 사회 구성원 간에 형성되는 신뢰와 협력의 관계를 '사회적 자본(Social Capital)'이라 명명했다. 신뢰는 거래 비용을 줄이고 협력은 공동의 목표를 가능하게 하며 투명한 관계는 공정한 질서를 낳는다고 말이다. 이러한 조건 위에서만 자유시장도, 민주주의도, 교육도 제대로 기능할 수 있다.

나사(NASA)가 촬영한 지구의 야경 위성 사진을 보면 정직과 신뢰가 공고한 나라들은 어둠 속에서도 도시마다 불빛으로 빛나고 있다. 미국, 유럽 등 선진국 대부분이 그러하다. 반면 부패와 불신이 만연한 지역은 암흑처럼 드리워진 모습이다. 빛은 단지 전기의 유무를 말하는 것이 아니라 도덕적 투명성과 사회적 신뢰의 밀도를 상징한다. 국제투명성기구(Transparency International)의 조사에 따르면 한국의 공직자 청렴도는 2024년도 기준 180개국 중 30위, 100점 만점에 64점 수준이다. 이는 OECD 평균에 미치지 못하는 수치며, 기업의 투명성 역시 유사한 수준에 머무르고 있다. 정직성이 떨어질수록 도덕성의 전반적인 수준도 하락하고, 이는 사회적 신뢰의 붕괴로 이어진다. 결국 국가의 경쟁력은 윤리적 기반 위에 세워진다는 사실을 외면해서는 안 된다.

정직은 그저 착한 사람이 되기 위한 도덕적 미덕이 아니다. 현실을 살아가는 데 반드시 필요한 실용적 가치다. 사회가 건강하게 작동하기 위해서는 사람들이 서로를 믿을 수 있어야 하는데, 이 신뢰의 토대에는 정직이 놓여 있다. 아무리 훌륭한 정책이 만들어지고 정교한 제도가 도입되어도 제도 안에 살아가는 사람들이 거짓과 불신에 물들어 있다면 사회는 제대로 굴러가지 않는다. 겉보기에는 돌아가는 것처럼 보여도 안에서는 이미 신뢰가 무너지고 공동체가 붕괴되기 시작한다.

작은 정직이 모여 신뢰를 만들고, 신뢰는 곧 사회를 움직이는 가장 튼튼한 기반이 된다. 마치 눈에 보이지 않는 기둥처럼 정직은 공동체의 중심을 잡아 준다. 신뢰가 있는 사회에서는 법과 규제가 없어도 자연스럽게 질서가 생기고 사람들이 서로를 존중하며 살아간다. 반면 거짓이 일상이 된 사회에서는 아무리 많은 규칙을 세워도 사람들은 우회하거나 위반할 방법을 찾는다. 결국 도덕적 토대 없이 세워진 사회는 언젠가 균열을 일으키고 무너질 수밖에 없다.

우리는 지금 어떤 사회를 꿈꾸는가? 성장만을 추구하는 빠른 사회인가, 아니면 함께 오래 살아갈 수 있는 지속 가능한 사회인가? 만약 후자라면, 정직이라는 기본적인 가치에서부터 출발해야 한다. 국가의 미래를 걱정한다면 가장 먼저 우리 삶 가까이에서 정직을 회복하는 일이 필요하다. 공동체의 중심에서, 그리고 우리 각자의 일상에서.

18.

도덕지능,
함께 살아가기 위한 감각

"인간 사회를 지탱하는
보이지 않는 힘"

도덕은 본능인가, 선택인가?

기술의 속도와 효율이 지배하는 사회에서 인간적인 감각은 비합리적이거나 비효율적인 것으로 치부되기 쉽다. 우리는 점점 더 '빠르게', '정확하게', '결과 중심으로' 판단하고 행동하도록 강요받는다. 학교에서는 정답을 맞히는 속도가 평가 기준이 되고, 직장에서는 실적 그래프가 사람의 가치를 대신한다. 심지어 친구 관계에서도 응답 속도와 반응 강도가 친밀도의 척도가 되곤 한다. 이러한 조건 속에서 정직, 배려, 협력 같은 도덕적 기준은 그 자체로 '느린 선택', '손해 보는 태도', 혹은 '비실용적인 미덕'으로 전락한다.

특히 '정직함'은 성실한 미덕이 아니라 때로는 위험 부담이 큰 선택처럼 취급되기도 한다. 팀 회의에서 실수나 오류를 자발적으로 고백하는 사람은 책임을 떠안게 되고 결과적으로 불이익을 받는 경우도 적지 않다. '솔직하게 말했는데 손해만 봤다'는 식의 경험이 반복될수록 사람들은 불이익을 피하고자 진실을 감추는 법을 배운다. 진실한 고백보다 완벽하게 포장된 보고서가 더 안전하고, 실수를 인정하는 것보다 조용히 묻어 두는 것이 더 합리적인 선택처럼 보인다.

하나의 예로 기업의 내부 고발자가 부정 회계 사실을 밝혀냈음에도 회사는 '조직의 명예 실추'를 이유로 그를 해고했다는 뉴스를 종종 볼 수 있다. 정직을 선택한 개인이 보호받기는커녕 배제된 것이다. 이런 사례는 정직이라는 미덕이 공동체의 안전장치가 아니라 개인의 리스크가 되는 사회 분위기를 반영한다.

이럴수록 우리에게 필요한 것은 기술 능력 이상의 감각이다. 그것은 바로 '도덕지능(Moral Intelligence)'이며, 인간이 인간답게 존재하기 위한 핵심 역량이라고 볼 수 있다. 이는 옳고 그름을 구분하는 양심이 아니라 타인의 입장을 고려하고 공동체 안에서 더불어 살아가기 위한 정서적 판단력, 그리고 책임지는 태도로서의 실천적 지능을 의미한다. 도덕지능이 높다는 것은 정보를 많이 알고 있다는 뜻이 아니라 그것을 바르게 사용하는 감각을 갖추었다는 뜻이다. 공정하지 않은 상황에서 침묵하지 않고, 모두가 외면하는 순간에 연대할 줄 아는 능력. 도덕지능이야말로 우리가 함께 살아갈 수 있게 해 주는 가장 기본적인 조건이다.

그리고 도덕지능의 실천은 결코 선택사항이 아니다. 협력은 '나와 너'의 신뢰를 바탕으로 형성되는 공동의 노력인데, 이익 분배가 불투명하거나 신뢰가 없는 사회에서는 협력보다 경쟁이 기본값이 된다. 또한 도덕지능이 결핍된 사회에서는 타인을 향한 사랑이나 자기희생 같은 인간다움의 가치들이 '비효율' 혹은 '나약함'으로 치부된다. 누군가를 섬긴다는 말은 이제 종교적인 수사 혹은 고전 속 윤리 문장에서나 찾아볼 수 있는 낡은 가치처럼 취급된다. 그러나

이 모든 요소(정직, 인테그리티, 배려, 협력, 자기희생)야말로 우리가 인간으로서 함께 살아가는 공동체를 유지하는 데 필요한 도덕적 토대이며, 세계가 지속 가능하기 위한 최소한의 윤리다.

이런 현실을 마주하면서 한 사람의 교육자로서, 동시에 대학의 총장으로서 고민하지 않을 수 없었다. 과연 이 시대의 대학교육은 무엇을 가르쳐야 하는가? 변화하는 기술을 따라잡는 역량, 글로벌한 감각, 융합적 사고 모두 중요하다. 그러나 그런 것만으로는 충분하지 않다. 무엇보다도 인간다움을 회복시키는 일이 중심축 가운데 하나로 반드시 자리해야 한다고 생각했다. 이에 한동대학교에서는 새로운 교육 모델로서 전인지능 교육을 구상하고 실행에 옮기고 있다. HI 교육은 인간의 전인격을 조화롭게 성장시키려는 교육 목적을 담은 새로운 시도다.

HI 교육의 바탕은 도덕지능(Moral Intelligence)의 함양이다. 도덕지능은 IQ(지능지수)나 EQ(감성지수)와 달리 옳고 그름에 대한 분별력, 자기 행동에 대한 책임감, 그리고 타인을 향한 존중과 배려의 능력을 중심에 둔다. 정직성은 남을 속이지 않는 것을 넘어서 자신에게도 정직한 태도를 뜻한다. 인테그리티는 말과 행동이 일치하는 일관성을 의미하며, 외적인 윤리와 내적인 신념이 조화를 이루는 삶을 지향한다. 컴패션(Compassion)은 타인의 고통에 감응하고 함께 아파할 줄 아는 능력이며, 단순한 동정보다 더 깊은 윤리적 공감을 요구한다. 배려와 협력은 서로를 이기지 않고 함께 살아가는 관계의 기술이자 궁극적으로는 세계시민으로서 책임 있게 살아가기 위한 인간적 자질이다.

이러한 덕목들은 선택 사항이 아니다. 기술은 빠르게 진보하지만 사회는 점점 더 도덕적 균형을 잃고 있다. 신뢰의 붕괴, 거짓 정보의 범람, 혐오와 분열의 확산 등은 도덕지능의 결핍이 초래하는 사회적 비용이다. 우리가 이 흐름을 멈추지 못한다면 결국 기술의 진보가 인류의 퇴보를 초래하는 아이러니를 마주하게 될 것이다. 따라서 교육은 이제 지식 전달에 머무르지 않고 인간의 도덕적 능력을 회복하는 데까지 나아가야 한다. 도덕지능은 바로 그 출발점이다.

그런데 몇몇 기독교 교육기관을 제외한 대부분 대학이 AI 시대에 더 중요해지는 전인 교육을 충분히 강조하지 않고 있다. 많은 교육기관이 여전히 성취 중심, 성과 중심의 경쟁 체계에 머물러 있으며, 학생들에게 도덕적 책임감과 공동체 의식을 기르기보다는 자기중심적인 '나부터(Me-First)' 태도를 무의식적으로 강화하는 방식으로 기여하고 있다. 이러한 교육 환경에서는 학생들이 사회적 연대보다는 개인적 성공에만 몰입하게 되며, 그 결과 전 사회적 공통의 목적의식과 단절된 채 각자도생의 논리를 체화한 세대를 배출하게 된다. 이는 사회 전체의 단절성과 불신, 분열의 구조를 더 고착화시킬 수 있다는 점에서 깊은 우려를 자아낸다.

지금의 기독교 대학들은 이러한 흐름 속에서 모범을 보일 특별한 기회가 있다. 기독교 사학은 예수 그리스도의 겸손과 지혜, 섬김의 정신에 기반해 지식의 습득뿐만이 아니라 성품의 수양과 영적 성숙을 동시에 추구하는 전인적 교육을 철학의 중심에 두고 있다. 특히 신앙에 기반한 리더십은 세상을 이끌고 책임질 수 있는 도덕적 역량을 갖춘 인재를 양성하려는 목적의식에서 비롯된다. 이러한 교육은 학생들이 긍휼, 인테그리티, 성실함을 갖춘 성숙한 존재로 세상에 나아갈 수 있도록 돕는다.

기독교 교육이 강조하는 정직, 인테그리티, 긍휼, 존중, 책임감 등은 오늘날 우리가 말하는 글로벌 시민성의 핵심 구성요소와 깊이 연결되어 있다. 이는 단지 종교적 신념의 실천에 그치지 않고 국경과 문화를 넘어 공통된 인간적 가치를 실현하려는 세계시민 의식의 기초가 된다. 예컨대 빌립보서 2장 3-4절은 "아무 일에든지 다툼이나 허영으로 하지 말고 오직 겸손한 마음으로 각각 자기보다 남을 낫게 여기고 각각 자기 일을 돌볼뿐더러 또한 각각 다른 사람들의 일을 돌보"라고 권면하는데 이는 오늘날 세계가 요구하는 협력, 연대, 공감의 리더십과 정확히 맞닿아 있다.

이와 같은 기독교적 핵심 가치는 전 세계가 추구하는 전인적 인재상과도 깊이 부합한다. 실제로 유네스코(UNESCO)나 유엔아카데믹임팩트(UNAI) 같은 국제기구도 최근 들어 교육에 대한 총체적이고 인간 중심적인 접근을 강조하고 있다. 인격과 윤리를 함께 개발하고 책임 있는 시민을 양성하는 교육이 인류의 지속 가능한 미래를 위한 필수 요소라고 말한다. 그리고 이 부분은 기독교 교육기관들이 오래전부터 강조해 온 방향과 놀라운 일치를 보인다.

UNAI 대학생논문경시대회/국제개발콘퍼런스(2013. 8. 23.)

반기문 전 유엔사무총장과 함께(2013. 8. 23.)

반기문 전 유엔사무총장과 함께(2013. 8. 23.)

　중요한 것은 이러한 도덕지능이 개인의 인성 개발에 그치지 않는다는 사실이다. 도덕지능은 곧 세계시민의식의 토대며, 사회 전체의 지속 가능성과 직결된 공적 가치다. 도덕지능이 높은 개인은 자신의 행위가 타인과 공동체에 미치는 영향을 고려하며 책임 있는 행동과 성찰적 판단을 수행한다. 이는 인권, 환경, 평화, 다양성 존중 등 글로벌 시대의 핵심 윤리를 실천하는 데 결정적인 역할을 한다. 반대로 도덕지능이 결여된 사회는 공공의 신뢰가 붕괴되고, 제도는 형식화되며, 공동체는 기능을 잃는다. 거짓 정보의 확산, 혐오와 차별의 만연, 극단주의의 부상 등은 도덕성 결핍이 초래하는 구체적인 사회적 비용이며 이는 단기간에 회복되기 어려운 구조적 손실로 이어진다.

어쩌면 지금 우리에게 가장 절실한 질문은 '무엇을 얼마나 더 알 것인가?'가 아니라 '어떻게 살아갈 것인가?'인지도 모른다. 기술은 눈부시게 진보했지만, 앞에서 인간은 점점 더 외롭고 파편화된 존재가 되어 가고 있다. 정직하게 말하기를 주저하고 함께 살아가는 법을 잊은 채 속도와 성과에만 몰두하는 사회는 결국 신뢰를 잃고 관계를 무너뜨리며 스스로를 갉아먹는다. 아무리 정교한 시스템과 뛰어난 기술이 있다고 해도 그것이 인간다움 없이 작동할 때 우리는 미래를 향하는 것이 아니라 인간의 본질로부터 멀어지는 길을 걷게 된다.

그래서 도덕지능은 더 이상 선택이 아니다. 진실 앞에 책임지는 용기, 서로를 존중하는 태도, 다름을 껴안는 이해심, 그리고 함께 살아가기 위한 협력의 감각은 우리가 다시 회복해야 할 삶의 기술이자 공동체의 핵심 역량이다. 인간다움을 지키는 것이야말로 기술의 시대를 사람의 시대답게 만들 수 있는 유일한 길이다. 우리가 진정 미래를 향해 나아가고자 한다면 먼저 사람답게 사는 법부터 다시 배워야 하지 않을까.

19.

한동의 공동체성과
도덕지능 회복

"배움과 삶의 일치,
 그리스도 안의 공동체"

사람은 관계 속에서 자라고 공동체 안에서 성숙한다. 그러나 오늘날 우리는 '공동체'라는 말을 무겁게 꺼내야 할 시대에 살고 있다. 속도와 효율이 최우선이 된 사회에서 우리는 점점 '함께 살아가는 법'을 잊어 가고 있으며, 고립은 새로운 일상이 되었다. 타인과의 갈등을 견디기보다는 피하고, 책임을 나누기보다는 회피하는 문화 속에서 이타성과 책임감, 정직과 배려 같은 인간의 도덕 능력이 점차 약화되고 있다. 도덕적 판단은 정답이 아니라 취향이 되었고, 인성과 공동체 의식은 수치화할 수 없는 '부차적인 것'으로 밀려났다.

이러한 시대에 한동대학교는 '사람됨' 자체를 교육의 핵심으로 삼고 도덕지능의 회복을 실천하는 공동체다. 단지 지식과 기술을 가르치는 데 머물지 않고, 한 사람의 인격이 어떻게 형성되고 인격이 타인과 어떤 관계를 맺으며 결국 사회에 어떤 책임을 지는지를 묻고 길러 내는 일에 집중해 왔다. 공동체 생활을 기반으로 하는 RC 시스템, 팀 제도, 무감독 양심시험, 명예 선언, 그리고 예배와 기도 중심의 일상까지. 한동의 모든 교육 구조는 한 가지 질문으로 수렴된다. '사람다운 사람은 어떻게 만들어지는가?' 이제 질문에 대한 한동의 응답을 하나씩 소개하고자 한다.

❶ 생활관 - 공동체 속에서 배우는 삶(Residential College)

한동대학교의 생활관은 머물기 위한 공간에 머물지 않고 공동체 속에서 삶을 배우는 교육의 장이다. 서로 다른 학년, 전공, 지역, 국적의 학생들이 함께 지내며 마주하는 갈등과 화해, 이해와 조율의 과정은 교실 수업만으로는 얻기 어려운 귀중한 배움이 된다. 타인과의 차이를 받아들이고 조화를 이루며 살아가는 경험 속에서 학생들은 자신을 돌아보고 타인을 존중하는 감각을 익힌다.

생활관의 일상은 자율성과 책임, 배려와 협력을 배우는 훈련의 연속이다. 공용 공간에서의 마찰을 줄이기 위해 누군가는 먼저 조심하고 배려하는 자세를 취해야 하며, 늦은 밤 불빛에 민감한 룸메이트를 위해 조용히 불을 끄는 사소한 행동 속에서 공동체의 윤리가 자란다. 이처럼 매일의 생활은 지식을 뛰어넘어 삶으로 실천하는 전인 교육의 현장이 된다.

한동대학교는 개교 이래, 전원 기숙사 생활이라는 독특한 교육 모델을 통해 함께 살아가는 문화를 일관되게 실천해 왔다. 그러나 학생 수가 빠르게 증가하면서 생활관이 개별화된 주거 공간처럼 변질될 가능성이 제기되었고, 공동체 정신의 약화를 우려하는 목소리도 커졌다. 이에 학교는 기존 팀 제도를 기반으로 새로운 공동체 모델인 RC(Residential College)를 도입해 대응하고 있다.

RC는 학습과 생활, 신앙과 인성을 유기적으로 엮는 것을 목표로 한다. 교수, 교직원, 학생이 공동체 구성원으로 참여해 생활관을 함께 운영하며, 각 관은 고유한 문화와 전통을 형성한다. 학생들은

한동대학교 RC(Residential College)

한동대학교 RC(Residential College) 활동

자율적으로 규칙을 만들고 생활을 조직하며 공동체 일원으로서 책임 있는 태도를 배운다. 졸업 이후에도 홈커밍 행사 등을 통해 선후배 간의 유기적인 관계가 지속된다. 그리고 이 시스템은 생활관을 인성·영성·지성의 통합 공간으로 확장한다. 학문과 삶의 경계를 허물고 일상에서 성찰과 나눔이 이뤄진다. 정직과 성실, 배려와 책임, 신앙과 실천이 맞닿는 환경 속에서 학생들은 공부만 잘하는 인재가 아니라 신뢰받는 공동체 구성원으로 성장한다.

공동체는 스스로 굳건해지지 않는다. 누군가의 양보, 꾸준한 책임, 자발적인 돌봄이 쌓여야 비로소 건강한 공동체가 형성된다. 한동대학교의 RC는 학생들에게 더불어 사는 것이 무엇인지 몸과 마음으로 깨닫게 하는 배움의 장이며, 나눔과 섬김이 일상화되는 교육 공간으로 자리하고 있다.

❷ 팀 제도 - 공동체 리더십 훈련

한동대학교의 '팀 제도'는 그야말로 공동체 중심 교육의 핵심이다. 약 35명의 학생으로 구성된 팀은 한 명의 담임 교수를 중심으로 1년간 생활관에서 함께 지낸다. 학과와 전공, 출신 지역이 다른 학생들이 모여 한 지붕 아래서 숙식하고 생활하며 서로를 이해하고 협력하는 방법을 배운다. 학기 중에는 정기적으로 팀 모임이 이루어진다. 그때마다 학생들은 식사나 산책, 기도회, 생일 축하, 고민 상담 등을 함께 하며 공동체적 유대를 쌓는다. 팀이 그 자체로 '작은 사회'가 되는 것이다.

담임 교수는 지식 전달자나 행정 책임자의 역할만 고수하는 것이 아니라 학생들의 삶에 깊이 동참하는 동반자다. 고향을 떠나 생활하는 학생들에게 부모와 같은 존재가 되어 진심 어린 조언과 돌봄을 아끼지 않는다. 학생 개개인의 이름과 얼굴, 고민과 기질을 기억하며 함께 기도하고 직접 음식을 대접하거나 집으로 초대하기도 한다. 교수 연구실은 학생들에게 언제든 열려 있고, 그 안에서 삶의 문제에 대한 상담이 진지하게 오간다. 교수와 학생 사이에 오가는 편지, 문득 찾아와 나누는 대화, 팀 MT에서 쌓이는 추억은 이 제도를 더 특별하게 만든다.

특히 한동대학교 교수 연구실 출입문은 캠퍼스를 방문한 이들에게 종종 신선한 인상을 남긴다. 각 팀의 학생들이 담임 교수의 연구실 문을 직접 꾸며 주는 전통은 다른 대학에서는 보기 어려운 독특한 풍경이다. 색색의 종이와 리본, 학생들의 손 글씨, 사진, 일러스트 등으로 장식된 문은 일종의 사랑의 언어다. 교수에게 보내는 감사의 마음이 디자인과 메시지로 표현되며, 지나가는 학생이나 방문객에게도 따뜻한 감정을 불러일으킨다. 어떤 문에는 "사랑합니다. 교수님!", "이 문은 늘 열려 있어요" 같은 문구가 적혀 있고, 또 어떤 문에는 한 해 동안 함께한 추억의 사진들이 붙어 있다. 학생들은 문을 꾸미는 과정을 통해 자신들이 받았던 따뜻한 돌봄과 가르침을 되새긴다.

팀 제도는 교수와 학생의 일시적 관계에 머무르지 않는다. 팀은 학교를 떠나서도 지속되는 유대의 시작점이며 때로는 인생의 멘토와 평생 친구를 만나게 되는 공간이 되기도 한다. 졸업 이후에도 팀 교수에게 감사의 마음을 전하거나 같은 팀 동기들과 다시 모이는 모습은 한동 공동체 문화의 아름다움을 그대로 보여 준다. 또한 한동대학교는 팀 제도를 통해 경쟁과 고립이 아닌 돌봄과 신뢰를 중심으로 한 공동체를 실천하고 있으며, 학생들은 인격과 공동체성을 갖춘 책임 있는 시민으로 성장한다.

학생들의 정성으로 꾸며진 사랑의 문

❸ 무감독 양심시험 - 정직을 삶으로 증명하는 교육

한동대학교에는 입시나 성적을 뛰어넘는 가치를 실천하는 특별한 제도가 있다. 바로 무감독 양심시험이다. 시험장에 감독관이 없다. 그 대신 학생 각자가 정직과 책임의 기준이 된다. 시험지와 답안지 그리고 양심만을 가지고 마주하는 이 시간은 지식을 측정하는 도구이자 인격과 신뢰를 가늠하는 한 사람의 거울이 된다.

시험을 치르기 전에 학생들은 서약서에 서명한다. "나는 하나님과 사람 앞에서 정직하게 시험에 임하겠습니다." 짧은 문장이지만 그 무게는 결코 가볍지 않다. 부정행위를 막기 위한 외부 통제나 처벌 규정 없이 자기 안의 도덕 기준에 따라 행동해야 하기 때문이다. 누군가 지켜보는 사람이 없을 때도 올바르게 행동할 수 있는가? 무감독 양심시험은 이 근본적인 질문을 스스로에게 묻게 만든다.

이 제도는 그저 이상적인 실험이 아니다. 개교 이래 지금까지 이어지고 있는 한동대학교만의 전통이며 철학이다. 학생들은 처음에는 낯설어하고 긴장하지만, 해를 거듭하며 이 시험이 얼마나 귀한 교육의 장인지를 몸으로 깨닫는다. 시험이 끝난 뒤 친구에게 '이번 시험 어땠어?'라고 묻는 대신 '어떻게 마음을 지켰어?'라고 대화를 시작하는 문화가 자연스럽게 생긴다.

무감독 양심시험은 정직을 일상에서 실천하도록 훈련시킨다. 그것은 결과보다 과정에 더 주목하게 하고, 정답보다 태도를 성찰하게 만든다. 누가 보지 않아도 스스로 기준을 세우고 지켜 내는 힘은 앞으로의 삶에서 더 깊은 의미를 지닌다. 시험은 잠시지만 그 안에서 형성된 정직성은 평생을 이끄는 나침반이 되는 셈이다.

한동대학교는 이런 정직성을 학생의 자산이자 공동체의 신뢰 기반으로 바라본다. 정직은 곧 자존심이며, 그것이 흔들리지 않아야 진짜 지도자가 될 수 있다는 믿음 위에서 교육이 이루어진다. 그리고 한동은 지금도 이런 자존심을 품고 살아갈 인재들을 반기고 있다.

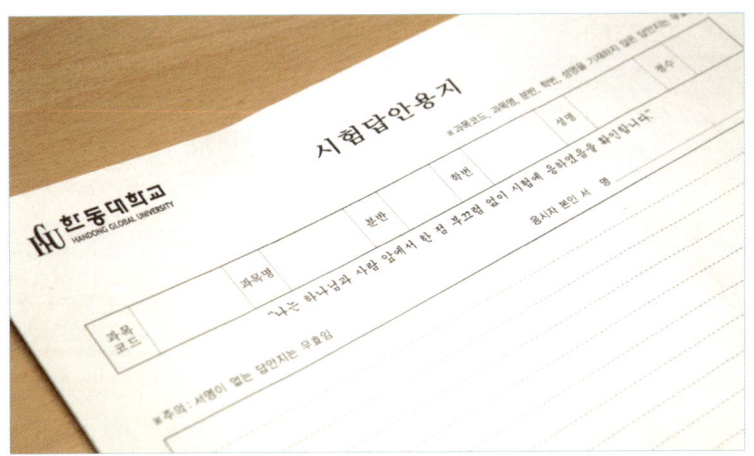

무감독 양심시험 답안 용지

❹ 명예 선언 - 정체성과 신뢰를 세우는 약속

한동대학교에 입학한 학생들은 첫날부터 종이 한 장 앞에 서게 된다. '한동 명예서약서(Honor Code)'라 불리는 이 문서는 정직, 성실, 책임이라는 가치를 내 삶의 중심에 두겠다는 다짐이자, 공동체의 일원이 되겠다는 선언이다. 한동에서의 배움은 시험 성적이나 과제 점수로만 측정되지 않는다. 말과 행동과 태도 하나하나에 책임을 지는 태도, 그것이야말로 한동 교육이 지향하는 진짜 '실력'이다.

명예 제도는 학생 개인의 인격 수양을 위한 규범이라기보다 공동체 전체의 건강한 문화를 지탱하는 뿌리와 같다. 이 선언서는 입학과 동시에 서명되지만, 그것이 의미하는 바는 시간이 흐를수록 더 깊어지고 공동체 속에서 자연스럽게 생활로 자리 잡는다. 서로를 신뢰할 수 있는 환경은 강제하지 않고도 스스로를 바르게 세울 힘을 길러 준다.

2001년 4월 28일에 정립된 전문은 한동 명예 제도의 정신을 잘 보여 준다. "한동대학교는 기독교 정신으로 민족과 세계를 변화시키는 21세기 지도자를 양성하는 사명을 가지고 있다." 이 문장에서 알 수 있듯 명예는 특정 시점의 약속이 아니라 삶 전반에 걸쳐 이어지는 성찰의 기준이며 지도자적 인격의 토대다. 학문적 역량은 물론이고 인격의 품격까지 겸비한 사람을 키우고자 하는 것이 이 제도의 핵심 목표다.

"이 세대를 본받지 말고 오직 마음을 새롭게 함으로"라는 로마서 12장 2절 말씀처럼 이 제도는 시대의 흐름에 휩쓸리지 않고 스스로 중심을 지키도록 방향을 제시한다. 경쟁보다 존중, 편법보다 정직, 이기심보다 책임. 한동 명예 제도는 학생들에게 언제나 더 나은 선택을 고민하게 한다.

여섯 가지 명예 원칙도 그저 지켜야 할 규율이 아니다. 말과 글과 행동에 대한 책임, 정직과 성실, 타인을 향한 섬김과 희생, 인격과 권리 존중, 공공의 재산에 대한 존중. 이 모든 항목은 단순히 '하지 말아야 할 것'을 나열한 목록이 아니라 '어떻게 살아갈 것인지'에 대한 긍정적 방향성을 제시한다.

한동대학교의 명예 제도는 한 사람의 양심에서 시작해 공동체 전체의 품격으로 확장된다. 그리고 공동체는 바로 이런 신뢰 위에 세워진다. 이 약속에 서명한 날부터 학생들은 각자의 길을 걸으면서도 같은 기준을 바라보며 살아가게 된다. 정직하게 살겠다는 한 사람의 결심이 모여 세상을 바꾸는 성품의 문화를 만든다.

한동 명예서약서를 선언하는 학생들

❺ 순결서약식 - 거룩함을 향한 공동체의 약속

한동대학교의 축제는 시작부터 남달랐다. 1995년, 제1회 축제를 준비하던 학생들은 다른 대학의 축제를 벤치마킹하며 프로그램을 고민했다. 하지만 대부분 대학의 축제는 주점 위주의 프로그램으로 구성되어 있었고, 이와는 다른 한동만의 고유한 문화가 필요하다는 공감대가 생겼다. 당시 학생이었던 김완진 목사와 준비위원회는 오히려 세상의 흐름과는 반대되는 거룩한 삶의 가치를 세우기로 했다. 고민 끝에 시작된 것이 바로 '성결서약식', 오늘날까지 이어지는 '순결서약식'의 출발이었다.

이 서약식은 단순히 어떤 행위를 하지 않겠다는 선언이 아니다. 오히려 자기 존재의 존엄함과 타인을 향한 존중, 책임 있는 사랑의 방식에 대해 진지하게 질문하고 결단하는 시간이다. 결혼 전까지 성적 순결을 지키겠다는 약속은 금욕을 위한 결심이 아니라 하나님의 창조 질서 안에서 나 자신을 지키고 거룩한 관계를 지향하겠다는 방향성이다.

순결서약식은 형식보다도 내면의 고백이 중요하다. 때로는 '순결'이라는 단어에서 오는 부담감 때문에 이 행사를 오해하는 사람도 있지만, 한동에서는 이 약속이 정죄의 대상이 되지 않는다. 스스로에게 던지는 삶의 질문이자 하나님과 맺는 고요한 언약의 시간이다. 그래서 이 서약식은 비교나 경쟁이 아닌 가치가 있는 신앙적 결단으로 받아들여진다.

한 학생은 말한다. "반지를 낀다고 무언가 달라지는 건 아니에요. 순결서약식은 하나님과 저 사이의 은밀한 약속일 뿐이에요. 다른 사람을 의식할 이유도, 부담을 가질 필요도 없어요. 무엇보다 저에게는 이 시간이 소중한 방향성을 세우는 계기가 되었어요."

이 서약식을 통해 한동대학교 학생들은 하나님 앞에서 자신을 깨끗한 그릇으로 드리고자 노력한다. 그리고 이 문화는 어떤 행사보다 공동체 안에 깊은 울림을 남긴다. 축제는 일시적이지만 거룩함을 향한 약속은 삶 전체로 이어진다. 한동대학교가 세상과 구별되는 지점은 바로 이런 결단을 기념하는 문화를 기쁨으로 지켜 가는 데 있다.

제1회 한동 성결서약식(1995. 10. 14.)

❻ 예배와 PRS - 말씀과 공동체가 만나는 시간

한동대학교의 교육은 신앙과 일상의 분리를 허용하지 않는다. 매주 채플 예배를 통해 학생들은 하나님의 말씀 안에서 자기 자신을 돌아보고 사회와 세계를 바라보는 인문학적 통찰을 기른다. 이 채플은 삶과 연결되는 질문을 던지는 장이며 지성과 영성이 함께 자라나는 시간이다.

이와 함께 PRS(Public Reading of Scripture, 공동체 성경 읽기)는 한동만의 독특한 영적 공동체 문화로 자리 잡고 있다. 학생은 물론 교직원들도 정해진 시간, 정해진 공간에 모여 말씀을 함께 읽고 나누며 각자의 삶에서 말씀을 어떻게 살아 낼 것인지 함께 성찰한다. 이는 개인의 영적 성장뿐 아니라 서로의 이야기를 들으며 마음의 거리를 좁히는 깊은 공동체 경험으로 이어진다. PRS는 정서적 위로이자 삶의 방향성을 고민하고 행동으로 이어 가게 하는 자극점이 되기도 한다.

한 학생은 PRS의 경험을 두 가지 키워드로 정리했다. 바로 '깊이'와 '공동체'다. "말씀이 단편적인 교리가 아니라 하나의 이야기처럼 다가왔고, 이야기를 함께 읽으며 삶의 어느 지점에서 마주할 수 있을지 되묻게 되었습니다. 또한 함께 읽는 공동체의 힘이 컸습니다. 서로가 서로에게 거울이 되고 동기가 되며 말씀이 더 넓게 울려 퍼졌습니다."

이와 같은 신앙 공동체의 정점에는 '새벽기도'가 있다. 한동대학교에서 오랫동안 회자하는 말이 있다. "코피가 터져도 우리의 새벽기도는 지속된다." 다소 유머스러운 표현이지만 이는 한동인의 기도 문화와 신앙 열정을 상징적으로 보여 준다. 누가 시켜서 하는 것이 아니라 자발적으로 이른 아침 채플에 모여 서로를 위해 기도하고 삶의 무게를 말씀과 기도로 이겨 낸다. 신앙이 개인의 위안에 머물지 않고 공동체를 살리고 사회를 향한 책임으로 확장된다는 사실을 새벽의 예배 자리에서 실감하게 된다.

채플과 PRS, 그리고 새벽기도는 한동대학교가 지향하는 공동체적 영성과 도덕지능 교육의 핵심이다. 말씀은 머리에 머무르지 않고 삶으로 흘러들고, 신앙은 예배당을 나와 일상에서 살아 숨 쉰다. 그런 점에서 이 작은 기도 모임 하나하나가 한동의 교육을 지탱하는 깊고 조용한 뿌리라 할 수 있다.

한동대학교의 새벽기도 열정을 나타내는 구호

한동대학교 하늘소리 기도실(2024년 김영환-문경숙 후원자 기부)

한동대학교가 실천해 온 공동체 중심 교육과 도덕지능 회복을 위한 노력이 시대의 흐름에 역행하는 것처럼 보일 수 있다. 그러나 진정한 교육이란 시대를 거스르는 힘에서 비롯된다. 생활관에서 함께 생활하는 훈련, 팀 제도를 통한 관계 중심의 리더십, 무감독 양심시험과 명예 선언, 그리고 채플과 PRS, 새벽기도까지. 이 모든 경험은 단지 교과 바깥의 활동이 아니라 삶 그 자체를 교육의 장으로 확장한 시도다. 경쟁보다 협력, 효율보다 성찰, 지식보다 인격을 중시하는 이 공동체의 방식은 빠른 성장보다 깊은 뿌리를 남긴다.

오늘날의 교육이 기술과 스펙을 앞세운다면 한동은 정직, 책임, 사랑 같은 오래된 가치를 다시 삶 한가운데 불러온다. 공동체 안에서 타인의 아픔을 함께 짊어지고, 자기 양심을 기준 삼아 결정 내리며, 신앙을 통해 삶을 해석하는 훈련은 단지 한 시절의 추억으로 끝나지 않는다. 이는 앞으로 어떤 환경에서도 무너지지 않는 도덕적 나침반을 가슴에 품은 이들을 만들어 낸다. 한동의 교육은 말한다. 성실하게 걷는 한 걸음, 정직하게 내미는 한마디, 기도로 맞이하는 한 아침이 결국 세상을 바꾸는 힘이 된다고.

부흥을 일으키는 한동대학교 예배 모습

part 5

교실 밖으로 나가는
대학교육
- 공헌지능 교육

20.

Triple
Citizenships

"한 사람을 위한 세 가지 시민권"

AI를 넘어서야 한다면 우리는 무엇을 가르쳐야 하는가?

이 질문은 기술적 진보에 대한 고민이 아니다. 바로 인간다움에 대한 근본적인 성찰을 요구하는 물음이다. 요즘 교육 현장은 인공지능을 기반으로 빠르게 변화하고 있다. 학습 데이터를 분석해 개인별 맞춤 과제를 제시하고, 자동 채점 시스템이 정답을 가리고, 대화형 튜터가 실시간 피드백을 제공한다. 한동대학교 역시 변화의 흐름 속에서 AI 기반 기술적 실험을 다양하게 이어 가고 있다.

하지만 교육이 기술만으로 충분할까? AI는 훌륭한 도구일 수 있으나 교육의 목적 자체가 될 수는 없다. 진짜 교육은 기술이 닿지 않는 지점에서 시작된다. 윤리적 판단, 타인을 향한 공감, 공동체에 대한 책임감, 그리고 스스로에게 던지는 질문('나는 누구이며, 어떻게 살아야 하는가?' 등) 같은 것들은 AI가 대신할 수 없는 인간만의 고유한 영역이다.

한번은 교수진과 이 문제를 놓고 깊은 이야기를 나눈 적이 있다. 회의 자리에서 한 교수가 조심스럽게 말했다.

"우리가 학생들에게 정말 가르쳐야 할 것은 어쩌면 인간다움, 인간됨이 아닐까요?"

그 말을 듣는 순간, 스파크가 튀듯이 깨달음이 찾아왔다. 그렇다. 지난 30년 동안 한동대학교에서 줄곧 지켜 온 가치가 바로 그 것이었다. 학생 한 사람 한 사람을 인격체로 존중하며 지식이 아니라 인성, 영성, 공동체 의식을 함께 가르쳐 왔던 것. 우리는 그것을 '인성 교육', '전인 교육', '영성 훈련'이라 불렀지만 어쩌면 AI가 결코 흉내 낼 수 없는 인간의 본질이자, 교육이 마지막까지 붙들어야 할 핵심이었다.

이 대화 속에서 하나의 개념에 도달하게 되었다. 인공지능(Artificial Intelligence)에 대응되는 또 다른 지능, '휴먼 인텔리전스(Human Intelligence)'라는 개념이다. 하지만 곧 고개를 갸웃했다. 단순히 인간의 지능이라기에는 무언가 부족했기 때문이다. 다른 용어는 없을까. Human Intelligence, Humanity Intelligence, Humanitas Intelligence 등 여러 용어를 검토했지만, 각 표현은 모두 일부만을 설명하거나 오해를 불러일으킬 여지가 있었다.

사실 내가 찾고자 했던 것은 단순한 IQ적 의미의 인지 능력이 아니었다. 교육이 길러야 할 지능이란 윤리성과 감수성, 영성과 공동체 의식, 자기 성찰력, 삶을 대하는 태도까지 아우르는 것이어야 했다. 다시 말해 인간의 전인적(全人的) 총체성을 담아낼 수 있는 개념이 필요했다. 그렇게 시간은 흘렀고 머릿속에서는 여전히 답을 찾는 질문이 맴돌았다.

그러던 어느 날 저녁이었다. 생각이 많을 때면 으레 그러듯이 그날도 집 앞 복도를 걷기 시작했다. 좁고 다소 쌀쌀한 공간이지만 내게는 가장 깊이 사고할 수 있는 사유의 통로였다. 말보다 침묵이 생각을 더 멀리 데려다주는 순간이 있다. 물론 아내는 종종 말한다. "아이디어는 대화 속에서 피어나는 법이지, 혼자 걸어 다닌다고 떠오르는 게 아니에요." 하지만 나에게 걷는 시간은 가장 창조적인 사고가 열리는 시간이다.

그날도 걷고 있었다. 뚜렷한 목적 없이 발걸음을 옮기던 중 문득 한 가지 생각이 마음을 스쳤다. 우리가 찾아 헤매던 것은 인간 중심이라는 틀에 머무는 지능이 아니었다. 그것은 훨씬 더 넓고 깊은 의미를 품고 있어야 했다. 인간의 사고, 정서, 윤리, 관계, 영성, 그리고 삶의 태도까지 포괄하는, 총체적 존재로서의 인간을 감싸 안는 개념이어야 했다. 그렇다면 여기에 'Holistic(전인적)'이라는 수식어를 붙이면 어떨까? 그 순간 마치 오래된 문 하나가 열리듯 개념이 또렷해졌다. Holistic Intelligence, 전인지능. 그렇게 'HI'라는 이름이 탄생했다.

AI는 인간의 사고를 흉내 낼 수 있다. 데이터를 분석하고 패턴을 예측하며 복잡한 연산을 빠르게 수행하는 데는 인간을 훨씬 앞지르기도 한다. 그러나 아무리 정교한 알고리즘이라 하더라도 인간의 윤리적 성찰, 타인과의 공감, 존재의 의미를 묻는 태도까지 흉내 낼 수는 없다. 내가 정의하는 HI는 바로 이 지점에서 출발한다.

HI는 인간이 지닌 다양한 차원을 통합적으로 아우르는 전인지능이다. 정서와 감수성, 영성과 신념, 공동체적 책임감, 도덕적 판단력, 창의적 상상력은 인간됨을 구성하는 중요한 요소이며, 이는 결코 분리되어 작동하지 않는다. AI가 인지적 연산과 정보 예측이라는 기계적 지능을 구현한다면, HI는 인간다움 그 자체를 살아 내는 능력이라 할 수 있다.

이 개념을 처음 교수들과 공유했던 자리가 기억난다. 글로컬대학30 지원사업 제안서를 준비하면서 이 새로운 교육 패러다임을 구체적인 언어로 담아내고자 했다. "이제는 인공지능을 넘어설 때입니다. 우리가 키워야 할 것은 전인적 인간지능, HI입니다." 이 한마디에 모두가 고개를 끄덕였다. 그날 이후, 'HI'는 한동대학교가 앞으로 지향할 교육철학의 중심축이 되었다.

아브라함 카이퍼는 하나님이 세상의 모든 영역에 고유한 질서와 책임을 부여하셨다고 보았다. 그는 이를 '영역 주권(Sphere Sovereignty)'이라 불렀고, 각 영역이 하나님의 주권 아래서 독립성과 상호 책임을 지니도록 설계되었다고 강조했다. 교육은 이 영역들을 연결하며, 각 영역에서 하나님 나라의 가치와 질서를 구현할 수 있는 지도자를 세우는 과정이다. 따라서 대학은 각 문화·경제·정치·과학의 영역에서 복음적 가치로 섬기는 공적 리더를 길러 내는 훈련장이 되어야 한다. 이러한 관점은 전인지능(HI) 교육이 지향하는 글로벌 시민성, 즉 지역과 세계의 문제에 동시에 응답하며 기술과 자원을 공동선을 위해 사용하는 자세와도 깊이 맞닿아 있다.

그리고 바로 그 지점에서 또 다른 근본적인 질문이 내 앞에 놓였다. 우리는 HI 교육을 통해 어떤 세상을 위한 시민을 만들어 갈 것인가?

이는 한 개인의 삶의 방향성과 정체성을 어떤 방식으로 형성할 것인지에 대한 철학적 응답이며, 대학교육의 가장 근본적인 존재 이유에 대한 물음이다.

이제 우리는 '시민'이라는 개념을 다시 정의해야 할 시점에 와 있다. '시민(Citizen)'이라는 말이 더는 단일 국적이나 행정적 소속만을 의미하지 않는 시대에 살고 있다. 오늘날 우리는 글로벌 공간, 디지털 환경, 그리고 영적 차원이라는 세 가지 현실에 동시에 참여하고 있다. 따라서 교육 역시 이 세 가지 영역에 대한 정체성과 책임을 포괄하는 좀 더 통합적인 시민교육으로 나아가야 한다. 나는 이 것을 '트리플 시티즌십(Triple Citizenships)'이라 부른다.

첫째는 '글로벌 시민(Global Citizen)'으로서의 자각이다. 팬데믹을 거치며 우리는 인류가 얼마나 긴밀하게 연결된 존재인지 새삼 실감하게 되었다. 기후 위기, 난민 문제, 전염병, 인권 이슈는 이제 국경 안에서만 논의될 수 없는 사안이며, 지구 공동체 전체가 직면한 과제다. 이제는 '나 하나 잘 살면 그만'이라는 태도로는 배움의 완성을 말할 수 없다. 진정한 교육은 세계의 고통에 공감하고, 지구적 위기를 나의 책임으로 인식하며, 공동의 미래를 위해 행동할 수 있는 시민을 길러 내는 것이다. 이는 외국어를 잘하고 외국 대학을 나오는 것과는 전혀 다른 이야기다. 세계를 하나의 생명 공동체로 인식하고, 공감력과 책임감, 참여의식을 내면화한 존재, 이것이 진정한 글로벌 시티즌이다.

둘째는 책임 있는 '디지털 시민(Digital Citizen)'으로 살아가는 태도다. 우리 삶은 점점 더 디지털 환경 속에서 전개된다. 정보의 소비와 생산, 인간관계와 사회적 영향력 모두 온라인이라는 공간을 경유하고 있다. 그러나 그만큼 많은 사람이 디지털 공간을 익명성과 무책임이 허용되는 장소로 오해한다. 따라서 교육은 디지털 기술의 활용뿐만이 아니라 그 공간 속에서 어떻게 말하고 어떻게 판단하며 어떻게 책임질 것인가를 함께 가르쳐야 한다. '책임질 줄 아는 디지털 시민(Responsible Digital Citizen)'이란 디지털 윤리를 알고 가상세계에서도 현실보다 더 성숙한 인격과 비판적 식견을 갖춘 존재를 의미한다.

셋째는 우리가 지녀야 할 가장 근본적인 정체성인 하나님의 나라에 속한 시민, 즉 '킹덤 시티즌(Kingdom Citizen)'이다. 이는 기독교적 신앙만을 뜻하는 것이 아니다. '하나님의 나라'라는 개념은 영적 정체성에 대한 선언이자 초월적 가치를 중심에 두고 살아가는 삶의 방향을 의미한다. 세상에서의 성공이나 유행하는 가치가 아닌 정의와 사랑, 희생과 섬김이라는 기준에 따라 세상을 바라보고 결정하는 사람. 이 세계에 속하되 이 세계의 논리에 매몰되지 않고 더 높은 윤리적·영적 기준을 따르는 존재. 바로 그것이 킹덤 시티즌이다. 이러한 정체성은 위기를 만날 때 더 드러난다. 유혹이나 이익 앞에서 흔들리지 않는 내적 중심, 깊은 확신은 바로 킹덤 시민권에서 비롯된다.

이 세 가지 시민의식은 서로 다른 세상에 소속된 듯 보이지만 사실은 모두 우리가 실제로 동시에 살아가고 있는 세계를 가리킨다. 이는 공상과학 소설에서나 나올 법한 평행우주에 대한 은유가 아니다. 우리는 지금 이 순간에도 세계화된 현실에 살고 있으며, 디지털 공간 속에서 수많은 관계를 맺고, 동시에 신앙의 가치에 따라 살아가고자 한다. 글로벌 시티즌이자, 디지털 시티즌이며, 킹덤 시티즌인 인간. 그것이 우리가 지향하는 전인적 시민의 모습이다.

이러한 복합적 정체성을 갖춘 사람을 길러 내기 위해서는 HI 개념을 도입하고 실질적으로 구현할 교육 플랫폼이 필요하다. 그래서 'HOPE 플랫폼'을 만들게 되었다. HOPE는 'Handong Open Platform for Engagement'의 약자로 학생들이 실제 삶의 현장에서 이 세 가지 시민 정체성으로 살고 훈련하고 내면화할 수 있도록 돕는 실천 기반의 교육 시스템이다. 그리고 그 과정에서 한 가지를 더 분명히 깨닫게 되었다. HI 교육은 결코 한동대학교만의 과제가 아니라는 것을 말이다. 인간다움을 회복하고 복합적 세계에 선한 영향을 미치는 시민을 길러 내는 일은 오늘날 대학교육이 함께 고민하고 실천해야 할 공동의 과제다.

21.

지식의 내면화가 없는
교육은 껍데기

"외운다는 것과 안다는 것의 차이"

1등이라는 숫자, 만점짜리 성적표.

나는 어려서부터 공부를 잘한다는 칭찬을 많이 들었다. 학교 선생님들과 친구들 그리고 부모님에게 인정받는 우등생이었다. 시험을 치르면 항상 최상위권에 이름을 올렸고, 고등학교 때는 입학과 졸업 모두 수석이었다. 서울대학교 상과대학에 진학해서도 마찬가지였다. 수석 졸업이라는 성과를 거두었고, 이후에는 수천 대 일의 경쟁률을 자랑하는 공인회계사 시험에도 합격했다. 그즈음에는 '수재'라는 수식어가 내 이름 앞에 붙는 것이 숨 쉬는 것처럼 자연스러운 일이었다.

그렇다면 정말 탁월한 배움을 내 안에 축적해 온 것일까? 지금 돌이켜 보면 그렇다고 말하기 어렵다. 그 시절 내가 알던 공부란 철저한 암기와 반복의 세계였다. 교과서를 거의 통째로 외우다시피 하고 기출문제를 수십 번씩 풀면서 몸에 익히는 것. 이른바 '삼당사락(三當四落)', 세 시간 자면 붙고 네 시간 자면 떨어진다는 말이 상징하듯이 공부는 체력과 반복의 싸움이자 기억력을 총동원한 단기 레이스였다.

실제로 나뿐 아니라 수많은 학생이 암기와 반복의 공식으로 성공을 꿈꿨고, 이 전략은 적어도 시험이라는 국면에서는 효과적이었다. 문제는 이 방식이 교육의 본질이자 학문의 목적이라고 착각하게 만든다는 데 있었다. 이런 착각이 완전히 무너진 적이 있다. 바로 유학 시절 대학원 수업에 들어가면서였다. 처음에는 언어의 장벽이 가장 큰 걸림돌이었다. 토론식 수업이 기본인 그곳에서 종종 말문이 막혔다. 하지만 시간이 갈수록 더 본질적인 문제와 마주하게 되었다. 내가 안다고 믿었던 지식이 실제로는 전혀 내 것이 아니었다는 사실을.

대학 때까지 배운 지식을 잊어버리기도 했지만, 기억나는 것도 진짜 내 지식이 아니었다. 내가 찾아 쓸 수 있어야 하는데 정작 필요할 때 나의 지식은 전혀 도움이 안 되는 껍데기 지식이었다. 내 안에 축적된 지식은 살아 있는 지혜가 아니라 마치 껍데기처럼 외부에 덧씌워진 표피적 정보에 불과했다. 진짜 지식은 어떤 낯선 문제와 마주쳤을 때, 그것을 꺼내 사고하고 연결하고 재구성할 수 있어야 한다. 내가 대학원에서 경험한 무력감은 지식이 '쌓여 있다'는 착각이 깨지고 '내면화되지 않은 지식'의 한계를 절감한 순간이었다.

그때 비로소 깨달았다.

아무리 많은 정보를 쌓았다 해도 그것이 내 삶과 연결되지 않고 내 사고의 도구로 작동하지 않는다면 껍데기 지식에 불과하다는 사실을 말이다.

열심히 외우고 반복해서 문제를 풀어 보는 연습이 필요 없다는 것은 아니다. 기본 개념을 정확히 익히고 문제를 통해 사고의 틀을 세우는 데는 일정한 반복이 반드시 필요하다. 초등 수학에서 구구단을 외우듯이 언어의 문법을 익히는 데도 반복은 효과적이다. 정확하게 기억하고 빠르게 반응하는 능력은 여전히 학습의 중요한 일부다. 하지만 시간이 지나면 반복을 통해 쌓은 지식은 쉽게 희미해진다. 활용되지 않은 채 머릿속에만 머무는 정보는 결국 사라지기 마련이다. 특히 스마트폰 검색으로 대부분 정보를 즉시 확인할 수 있는 시대에 단순 암기 위주의 교육이 여전히 의미 있는지에 대한 질문은 점점 더 커지고 있다.

암기식 학습이 지닌 더 큰 문제는 지식을 현실에 적용하지 못하게 만든다는 점이다. 머릿속에 정보가 저장되어 있더라도 새로운 문제 앞에서 어떤 개념을 꺼내야 할지 감을 잡지 못한다면 지식은 아무 쓸모 없다. 고등학교나 대학에서 A+를 받은 학생들이 사회에 나가 복잡한 현실 문제 앞에서 갈피를 잡지 못하는 이유가 바로 여기에 있다. 책으로 익힌 마케팅 이론이 실제 소비자 행동을 이해하는 데 얼마나 도움이 되는가? 윤리 교과서에서 배운 규범이 회사 회의실에서 이루어지는 의사 결정에 얼마나 작동하는가? 수많은 이론이 현실의 접점 앞에서 무기력해지는 이유는 지식이 내면에 뿌리내리지 않았기 때문이다.

만약 학생이 사회에 나가 현실 문제를 접하게 되면 어떻게 문제를 해결할까? 문제를 해결하려면 자신이 가진 지식을 찾아서 적용해야 하는데, 지식이 아직 내 것이 아니라면 어떻게 찾을 것인가? 비록 내 것이라도 어떻게 응용해서 문제를 해결할 것인가? 결국 이같은 실마리를 풀기 위해서는 지식이 '어디에 있다'라는 사실보다 어떻게 꺼내고, 어떻게 적용하고, 어떻게 변형할 수 있는지를 더 중요하게 여겨야 한다. 이것이 바로 '지식의 내면화(Internalization)'인 셈이다.

지식을 내면화하는 가장 확실한 방법은 머릿속에 저장하는 것이 아니라 직접 사용해 보는 것이다. 적용의 순간을 경험해야 개념이 살아 있는 구조로 전환된다. 배운 내용을 말하고, 써 보고, 가르치고, 새로운 상황에 맞춰 활용하고, 나누는 과정에서 지식은 점차 사고의 도구로 문제 해결의 자원으로 바뀐다.

이런 통찰은 실제 경험을 통해서도 실감할 수 있었다. 대학원에서 미시경제학 수업을 수강할 때였다. 영어로 진행되는 강의는 말의 속도도 빠르고 개념도 낯설었다. 교과서를 읽고 과제를 따라가는 일조차 버거웠다. 강의실에서 수업을 이해하는 것만으로도 정신이 아득했다.

그러던 어느 날, 학기 중반쯤 되었을 때였다. 나이가 들어 보이는 인도 출신의 학생이 다가와 조심스럽게 말을 걸었다. 그는 인도에서 상당 기간 공무원으로 일하다가 내가 공부하던 대학에 유학을 온 분이었다. 그동안 수업 시간에 내가 집중하며 필기하는 모습을 지켜봤다며, 혹시 이해되지 않는 부분이 생기면 질문해도 되겠

냐고 부탁했다. 그는 "너라면 나를 도와줄 수 있을 것 같아서 왔다"라고 말했다. 의외였다. 나 역시 수업을 따라가기가 쉽지 않았기 때문이다. 내 안의 자신감도 크지 않았다.

하지만 그의 간절함이 느껴졌고, 절실한 태도에 마음이 움직였다. 이후 우리는 거의 매일 저녁, 같은 테이블에 앉아 수업 내용을 복습했다. 문법도 매끄럽지 않은 서툰 영어였지만 내가 이해한 내용을 설명하고 요약하고 그림을 그리며 가르쳐 주었다. 처음엔 내 학업이 더 힘들어질지도 모른다고 생각했다. 그러나 걱정은 기우였다.

며칠이 지나자 놀라운 일이 일어났다. 함께 공부한 학생이 수업 내용을 점점 잘 따라오기 시작한 것이다. 과제 제출 수준도 향상되었고, 시험에서도 좋은 성적을 받았다. 하지만 진짜 놀라운 변화는 나에게 있었다. 타인에게 설명하려면 내가 먼저 정확히 이해해야 했다. 어떤 개념이 모호하게만 기억되면 그것을 말로 풀어낼 수 없다. 그래서 더 집중해서 정리하고 더 깊이 파고들어 핵심을 재구성했다. 특히 인도에서 일했던 경험에 비추어 이론과 현실의 조화를 시도해 본 것은 매우 유익한 부분이었다. 나는 이해한 내용을 말로 바꾸고 질문에 답하며 사고를 다시 조율하는 과정, 즉 '지식의 내면화'를 경험하고 있었다. 지식이 입을 통해 다시 구조화되었고, 생각 또한 정리되고 명료해졌다. 그렇게 가르치는 동안 미시경제학이라는 학문을 가장 깊이 이해하게 되었다. 정리되지 않은 개념은 말로 설명할 수 없었고, 설명하지 못하는 내용은 이해하지 못한 것과 같았다. 그때 실감했다. 지식은 단지 머릿속에 넣어 두는 것이 아니라 사용할 때 비로소 내 것이 된다는 사실을 말이다.

이 경험은 이후에도 반복되었다. 예를 들면, 교회에서 일대일로 성경 공부를 인도할 때마다 본문을 새롭게 해석하게 되고 이전에 그냥 지나쳤던 의미를 더 깊이 성찰하게 되었다. 누군가에게 무언가를 '가르친다'고 할 때, 실제로 가장 많이 배우는 사람은 바로 나였다. 가르침은 최고의 배움이라는 말은 단순한 수사적 표현이 아니었다. 학문이든 신앙이든 지식은 외우는 것으로 축적되지 않는다. 누군가를 위해 말하고 써 보고 다시 설명하며 나누는 과정에서 사고와 감각을 통과한 살아 있는 지혜로 변모한다. 내면에 자리 잡은 진짜 지식은 설명할 수 있고 전할 수 있고 낯선 문제에 맞춰 다시 꺼내 쓸 수 있다.

지식이 삶을 움직이려면 머리가 아니라 존재의 안쪽까지 스며들어야 한다는 것, 그것이 지식의 내면화 아닐까.

22.

'공부해서 남 주자'가 가장 효과적인 교육

"공헌지능 개념의 출발점"

고 김영길 한동대학교 초대 총장님은 '공부해서 남 주자'라는 상징적인 표어를 남겼다. 이는 한동대학교의 교육철학을 가장 압축적으로 담고 있는 구호이기도 하다. 지금껏 우리에게 익숙한 표현은 '공부해서 남 주냐? 열심히 공부해' 혹은 '너나 열심히 공부해'처럼 오히려 반대였다. 누군가와의 경쟁에서 이기기 위해 더 열심히 공부해 더 많은 지식을 쌓는 것을 당연하게 여기던 시대에 이 문장은 단 한 글자의 전환으로 전혀 다른 차원의 세계를 열어 보였다.

처음 들었을 때는 '재미있다'는 정도의 인상에 그쳤다. 그러나 시간이 지날수록 이 표어가 가진 깊은 함의가 마음속에 강하게 자리매김했다. 왜 공부하는가? 왜 배우는가? 단지 내가 잘 먹고 잘살기 위해서라면 지식은 결국 나 혼자만을 위한 도구에 머물고 만다. 아무리 많은 지식을 쌓아도 타인을 위해 사용하지 않는다면 과연 배움을 온전히 '살아 있는 것'이라 할 수 있을까?

물론 공부를 통해 얻은 지식은 분명 개인의 성공과 성장에 기여할 수 있다. 좋은 학교에 진학하고 좋은 직장을 얻고 더 나은 경제적 기반을 마련하는 데도 도움이 된다. 그러나 배움이 나 자신만의 출세와 안위에 머물지 않고 타인을 위한 공헌으로 확장될 때, 지식은 비로소 생명력을 갖는다. 더 나아가 지식이 배움의 기회가 제한된 사람들에게 전달된다면, 이는 삶의 조건 자체를 변화시키는 힘이 될 수 있다.

예를 들면, 기초 교육조차 충분히 받지 못한 아이들에게 과학의 원리를 알려 주고 삶에 필요한 기술을 가르치는 일은 그 자체로 교육의 본질을 실현하는 일이다. 단 한 사람이 나눈 배움이 한 마을을 바꿀 수도 있고, 한 세대의 가능성을 열어 줄 수도 있다. 이런 맥락에서 보면 '공부해서 남 주자'는 교육의 이타성과 공공성을 되살리는 선언이자, 지식이 지닌 사회적 책임을 일깨우는 철학적 명제다. 그렇다. 배움은 혼자만의 성취로 완성되지 않는다. 나의 배움이 다른 누군가의 삶을 밝히고 사회 전체의 질을 향상시키는 데 기여할 수 있을 때 비로소 진짜 공부가 된다.

실제로 '공부해서 남 주자'라는 정신을 구현하며 사는 이들이 교정 곳곳에 존재한다. 한동대학교 구성원들은 배움을 나누는 일이 특수한 헌신이나 특별한 사람들만의 일이 아니라는 것을 보여 준다. 일부 교수는 방학이 되면 학생들과 함께 개발도상국의 대학을 직접 찾아간다. 해당 국가와 대학의 상황을 미리 파악하고 필요한 강의 주제와 수준을 분석한 뒤 직접 교재와 강의 자료를 제작한다. 그렇게 마련한 교육 콘텐츠를 현지 교수들에게 기증함으로써 교육 자원이 부족한 대학의 장기적 성장에 이바지한다. 그야말로 공부해서 남 주는 일을 하고 있다.

유엔기구인 유네스코에서는 이런 프로그램을 유니트윈(UNITWIN: University Twinning and Networking)이라 부른다. 우리나라에서는 한동대학교가 가장 먼저 유니트윈 프로그램을 시작했고, 이후 숙명여자대학교 등 몇몇 대학이 뜻을 같이해 동참하고 있다. 이 프로젝트는 지식의 공공성과 교육의 나눔을 실현하는 살아 있는 실천의 장이 되었으며 지금도 한동대학교가 가장 적극적인 실행 대학으로 손꼽힌다.

유네스코 유니트윈 포럼과 콘퍼런스

특히 한동대학교 안진원 교수를 중심으로 10년 넘게 지속되어 왔다. 여름과 겨울에 방학을 이용해 교수와 학생이 함께 팀을 이뤄 해외로 나가 사전에 수개월간 준비한 교재와 강의안을 현장에 적용한다. 파견지는 주로 아시아, 아프리카, 중남미 등의 개발도상국 대학이며, 교육을 받는 대상은 현지 대학생부터 사회인, 심지어 해당 국가의 교수진에까지 이른다. 단지 지식 정보만을 전하는 것이 아니라 함께 살아 숨 쉬는 지식을 나누는 시간이다.

나 역시 유니트원 프로그램에 참여한 경험이 있다. 남미의 페루, 아프리카의 우간다와 르완다, 서아프리카의 가나, 중앙아시아의 우즈베키스탄, 히말라야 인근의 네팔, 몽골, 그리고 동남아시아의 캄보디아, 필리핀, 인도네시아 등. 수많은 땀방울과 함께한 시간 속에서 배움은 교실이 아닌 현장에서 이루어짐을 절감했다. 언어가 통하지 않아 손짓과 표정으로 설명하거나, 전기가 끊긴 교실에서 칠판도 없이 수업해야 하는 불편함을 무릅쓰고 모두 진지하게 배움을 나누었다.

무엇보다 인상 깊었던 장면은 낯선 환경 속에서 한동대학교 학생들이 보여 준 놀라운 적응력과 열정이었다. 익숙한 교실이 아닌 먼 나라의 낯선 강의실에서 마주한 상황 속에서도 학생들은 배운 내용을 현장에서 주저 없이 적용했고, 수업이 끝난 후에도 자발적으로 학습을 이어 갔다. 누가 시키지 않았음에도 타인의 삶에 도움이 되고자 하는 마음이 행동이 되었고, 지식은 삶의 언어로 번역되었다. 그 모습을 지켜보며 한 가지 확신이 들었다. 진짜 교육은 불편함을 견디며 누군가에게 삶의 방향을 나눌 때 비로소 완성된다는 것이다. 누군가가 말했던 "사람은 불편함 속에서 가장 많이 배운다"라는 문장이 그날의 현장에서 내 가슴에 또렷하게 새겨졌다.

한동대학교에서 20여 년간 꾸준히 운영해 온 또 다른 대표적인 프로그램이 있다. GEM(Global Engagement and Mobilization)은 교수와 학생이 한 팀을 이루어 '적정기술(Appropriate Technology)'을 기반으로 개발도상국의 낙후 지역에서 실질적인 삶의 질 개선 활동을 실천하는 프로그램이다. 이 프로젝트는 실제 사회 문제를 기술과 지식을 통해 해결해 보는 교육의 실천이자 '공부해서 남 주자'라는 철학이 생활기술 영역으로 확장된 예시다.

GEM 활동의 대표적 사례 중 하나는 인도 비하르주에서 진행되었다. 해당 지역은 지하수 내 비소(Arsenicum) 함량이 높아 주민들이 일상적으로 접하는 물이 인체에 매우 유해한 상태였다. 한동대학교 한윤식 교수와 학생들로 구성된 팀은 문제를 해결하기 위해 현지 실태를 면밀히 조사하고 저비용·고효율 정수기를 직접 설계해 보급했다. 생애 처음으로 깨끗한 물을 마셔 본 주민들이 눈물을 흘리며 감사를 전할 때, 학생들은 교실에서 배운 이론이 인간의 생존과 직결된 문제 해결에 연결될 수 있다는 사실을 몸으로 실감했다.

그뿐 아니다. 한동대학교 학생들의 아이디어에서 출발한 다양한 적정기술이 현장에 적용되었다. 예를 들어 사탕수수 부산물을 활용해 만든 친환경 숯은 에너지 접근이 제한된 지역에서 큰 반향을 일으켰다. 또한 전기가 없어 냉장고를 사용할 수 없는 지역에는 '항아리 냉장고(Pot-in-Pot Cooler)'를 제작해 보급했다. 이는 항아리 두

개 사이에 습기를 머금은 모래를 채워 증발열로 온도를 낮추는 전통적 원리를 응용한 방식으로, 식재료를 며칠 더 오래 보관할 수 있게 해 주었다. 좋은 아이디어가 낙후된 지역의 삶의 질을 개선해 준 것이다.

이 모든 과정은 교수의 지도가 있었기에 가능했지만, 실질적인 발상과 실행의 주체는 학생들이었다. 수업에서 익힌 원리가 현장의 문제를 통과하면서 완전히 다른 의미를 띠게 되었고, 이 같은 과정을 통해 학생들도 한층 더 깊은 배움을 경험했다. GEM은 지식이 현실 속에서 살아 움직일 수 있음을 보여 주는 대표적인 프로그램이다.

인도 비하르주 GEM 프로그램 '수질 개선 프로젝트'

한동대학교 학생들은 유니트원과 GEM 활동을 통해 강의실에서 익힌 지식을 실제 현장에 적용하는 경험을 축적해 가고 있다. 이들이 찾아가는 곳은 잘 알려진 관광지나 대도시가 아니다. 교육의 기회조차 제대로 보장되지 않는 개발도상국, 그중에서도 특히 낙후된 지역의 대학과 마을 그리고 주민들이다. 이들과의 직접적인 만남과 협업을 통해 학생들은 책으로 배운 내용을 몸으로 실천하면서 지식을 더 깊이 내면화하게 된다.

이전까지는 강의실 안에서 이해하는 데 그쳤던 개념들을 현장에서 온몸으로 부딪히며 '왜 지식을 배워야 하는지', '어떻게 활용할 수 있는지'를 스스로 깨닫게 된다. 자신이 익힌 내용을 실제 문제에 적용해 보고, 예상치 못한 상황에서 조정하고 보완하는 과정을 통해 지식은 고도화된다. 이러한 반복과 실천 속에서 학생들은 학습 수준을 확장시키고 사고력과 응용력을 키우는 성숙한 배움을 이어 나간다.

무엇보다 감동적인 점은 배워서 남 주는 활동이 자선을 베푸는 것, 사랑을 나눈 것 이상의 결과를 가져온다는 사실을 실제 경험한다는 것이다. 배움을 나누는 활동은 남을 돕는다는 목적 아래 지식을 활용하지만 궁극적으로 오히려 학습을 완성한다. 말하자면, '공부해서 남 주자'라는 구절은 단지 선한 의도를 담은 문장이 아니라 지식이 생명력을 얻는 하나의 방식이자 교육의 원리를 함축하고 있다.

우간다 GEM 프로그램 '전공 교육 봉사'

이처럼 배움을 실천하는 경험으로 길러지는 역량을 '공헌지능 (Engagement Intelligence)'이라고 부른다. 학습된 지식과 배움을 이웃에게 나누는 활동, 베푸는 활동, 사회 공헌 활동을 통해 학생 개개인의 학습 효과를 배가하는 시너지가 만들어지기 때문이다. 지식과 공헌이 맞물려 순환할 때 교육은 살아 숨 쉬게 되며, 공헌지능은 생명력을 불어넣는 촉매가 된다.

한동대학교의 '공부해서 남 주자'라는 표어는 '벌어서 남 주자'라는 표어를 낳았다. 1950년 한국전쟁 때 월남해 서울에서 30년간 '장의원'이라는 내과병원을 운영했던 고 장응복 장로님은 평생 모은 전 재산 113억 원을 한동대학교에 기부하고 세상을 떠나셨다. 본인과 가족은 자가용도 없이 대중교통만을 이용했고 검소하게 살며 재산을 모으셨다. 고 김영길 초대 총장님의 '공부해서 남 주자'라는 표어에 감명받아 "벌어서 남 주자"라고 하시며 재산을 기부하셨다.

장응복 장로님(오른쪽에서 두 번째)과 함께

생전에는 이 사실을 알리지 말라고 부탁하신 까닭에 세상을 떠나신 후에 언론에 보도되었다(조선일보 2022. 3. 9.). 이외에 미국 로스앤젤레스에 사시는 두 분의 할머님도 평생 바느질 공장에서 일하며 모은 돈 수십억 원을 익명으로 한동대학교에 기부하셨다. 마찬가지로 자신들의 이름이나 사진을 절대 공개하지 말라고 당부하셨다. 이와 같이 공헌지능은 생명력을 가지고 있는 지능이다.

23.

21세기 대학교육의
트렌드가 된 한동 공헌지능

"지식의 뿌리를 현실에 내리다"

교실 밖에서는 어떤 배움이 기다리고 있을까?

앞서 살펴본 미네르바대학교는 학생들이 해외 여러 도시에 체류하며 지역 현장의 과제를 해결하는 과정을 통해 배움을 실천한다. 강의실이나 온라인 수업에서 익힌 내용을 곧바로 현실 문제에 적용해 보는 방식이다. 이러한 학습 모델은 한동대학교에서도 찾아볼 수 있다. 대표적인 예가 '서비스 러닝(Service Learning)' 과목이다. 학생들이 지역 사회나 해외 현장에 나가 봉사 활동을 하며 지식을 체득하는 수업 방식이다. 이미 많은 대학에서 도입하고 있으며, 교실에서는 얻기 어려운 생생한 학습 경험을 제공하는 교육 방식으로 주목받고 있다.

그러나 대부분 서비스 러닝은 '서비스', 즉 봉사 활동 자체에 초점을 맞추는 경우가 많다. 물론 사회봉사는 장려해야 할 의미 있는 실천이다. 하지만 그것이 대학의 정규 교과과정이라면 학습(Learning)의 요소가 분명히 드러나야 한다. 공헌지능 교육은 바로 이 지점에서 차별화된다. 사회 공헌을 통해 배우는 것, 즉 실천과 학습이 결합된 교육이 핵심이다. 따라서 공헌지능 교육은 현장 체험, 공헌(Engagement), 학습(Learning)이라는 세 축이 고르게 반영된 통합적 교육 방식이라 할 수 있다.

한동대학교 전인지능(HI) 교육의 한 축을 이루는 공헌지능 교육은 학생들이 팀을 이루어 국내외 현장에 직접 체류하며 실제 사회 문제를 해결하는 프로젝트를 수행하는 방식으로 이루어진다. 5-10명 내외의 학생이 지도 교수와 함께 짧게는 2주, 길게는 한 학기 이상 현장에 머물며 지역의 사람들과 소통하고 현실적인 과제에 창의적으로 접근해 나간다. 이 프로그램은 '글로벌 로테이션 프로그램(GRP: Global Rotation Program)'이라는 이름으로 운영되고 있다.

이를 위해 한동대학교는 전 세계 30여 곳에 '글로벌 익스텐션 캠퍼스'를 구축했다. 글로벌 혁신처의 이혜규, 이재선 전·현직 처장과 직원들의 헌신적인 노력으로 30개의 익스텐션 캠퍼스가 준비된 것이다. 익스텐션 캠퍼스는 교환 협정을 맺은 대학의 교육 공간, 국제개발기구나 NGO의 연수시설, 한동대학교 졸업생 선교사들이 활동 중인 선교 베이스의 교육시설 등으로 구성된다. 이 프로그램은 현장에 들어가 현지의 문제를 함께 고민하고 해법을 도모함으로써 배움을 실천으로 전환한다.

팀은 지도 교수가 중심이 되어 구성되기도 하고, 때로는 학생들이 자발적으로 팀을 꾸려 지도 교수를 영입하기도 한다. 참여하는 학생들은 주로 3-4학년이지만 열정과 역량을 갖춘 저학년 학생도 함께할 수 있다. 다양한 전공과 서로 다른 재능, 문제 해결 방식이 한데 모이는 구성 자체가 융복합지능을 길러 내는 훈련의 장이 된다.

해외로 출발하기 전에는 한동대학교 캠퍼스에서 2-12주에 걸쳐 철저하게 사전 준비를 한다. 나는 이 준비 기간의 중요성을 매우 강조하는 편이다. 준비를 엄격히 할수록 프로젝트 수행이 원활하고 동시에 수행 과정에서 배우는 학습 내용이 자신에게 내면화되기 때문이다.

약 20년 전에 네덜란드 마스트리흐트대학교(Maastricht University) 학생들이 서울대학교 경영대학에 해외 학습을 하러 온 적이 있다. 그들은 공항, 항만, 도로, 교량과 같은 물리적 인프라뿐 아니라 정보통신 인프라, 금융결제 인프라에 이르기까지 한국의 전반적인 사회기반시설을 배우고 싶다고 했다. 인상 깊었던 점은 그들이 방문하기 전에 한 학기 동안 한국의 모든 인프라를 조사하고, 그것을 책으로 만들어 나에게 전해 준 점이다. 우리나라 정책 담당자 누구보다도 더 상세하게 정리한 인프라 조사보고서였다. 그 이후로 해외에 학생들을 보낼 때는 언제나 사전 준비를 면밀하게 시키고 있다. 준비된 배움만이 현장 속에서 진정한 성장으로 이어지기 때문이다.

2025년 1학기, 두 개의 팀이 필리핀의 국제벼연구소(IRRI: International Rice Research Institute)를 찾았다. 생명과학부 김아람 교수 팀은 아프리카 탄자니아처럼 가뭄이 심한 지역의 밭, 즉 논이 아닌 건조한 밭에서도 벼가 발아할 수 있도록 볍씨에 특수 코팅을 입히는 기술을 개발했다. 이 성과는 IRRI로부터도 인정받은 쾌거였다. 같은 시기, 기계공학부 이권형 교수 팀은 벼를 실제로 파종할 수 있는 전용 기계를 설계하고 제작했다. 물 부족 지역의 농업을 위한 기술적 해

법이 현장에서 구체화된 것이다. 이는 한동대학교 글로벌 로테이션 프로그램(GRP)을 통해 이뤄진 대표적 공헌지능 학습 사례다. 지역 사회의 실질적 문제를 해결하면서 동시에 학생들은 배운 지식을 현장에서 활용하고 더 나아가 그것을 고도화하는 학습의 순환을 경험하게 된다. 이것이 바로 공헌지능 교육이 지향하는 핵심 가치다.

한편 2025년 여름학기에는 7명의 학생이 이상산 교수의 인솔 아래 하와이섬에서 글로벌 로테이션 프로그램(GRP)에 참여했다. 이들이 찾은 코나 지역에는 '열방대학(University of the Nations)'이라 불리는 제자훈련학교(DTS: Discipleship Training School)가 있으며 프로젝트의 거점이 되었다. 하와이섬에는 과거 미국이 남태평양 군도에서 핵실험을 진행하면서 이주시킨 원주민들이 정착한 마을이 있다. 해당 지역은 미국 내에 있음에도 불구하고 사회·경제적으로 매우 열악한 환경에 놓여 있다.

한동대학교 학생들은 지역 커뮤니티를 위해 다양한 활동을 펼쳤다. 어린이들을 위한 컴퓨터 교육, 주민 대상의 AI 기반 상담 프로그램, 지역개발을 위한 기획 프로젝트 등이 주요 내용이었다. 만연한 인신매매(Human Trafficking) 예방 및 해결 프로젝트도 진행했다. 더불어 학생들은 기술이나 지식을 전달하는 데 그치지 않고 전혀 다른 문화와 삶의 방식을 이해하고 포용하는 태도를 배웠다. 이는 세계시민으로서의 사명 의식과 공감 능력을 키우는 중요한 교육적 경험이었다.

공헌지능 교육의 무대는 해외에만 있는 것이 아니다. 국내에서도 그 정신은 살아 숨 쉬는데, 대표적인 예가 한동대학교 울릉캠퍼스다. 이 이야기는 한 졸업생의 오랜 기도에서 시작되었다. 총장으로 취임한 지 얼마 되지 않았을 때다. 울릉도에서 목회 중이던 한동대학교 동문 김신일 목사가 총장실을 찾았다. 그는 진지한 눈빛으로 말했다. "총장님, 울릉도에 한동대학교 분교를 세워 주세요. 수년간 기도해 왔습니다." 나는 난감한 심정으로 답했다. "그건 어렵습니다. 분교를 세우려면 땅(교지)도 건물(교사)도 교수와 학생도 있어야 하는데, 울릉도에는 땅도 건물도 사람도 없습니다." 그래도 계속 기도한다고 하길래 고집이 센 동문이라고 생각했다.

며칠 후 울릉군수님이 같은 요청을 전해 왔다. "한동대학교 분교를 세워 주십시오. 제 선거 공약입니다." 나는 정중히 거절했다. "아이고, 안 됩니다. 현실성이 없습니다." 요청을 들어드리지 못해 미안했지만 어쩔 수 없이 불가능하다고 생각하며 잊었다.

그러던 어느 날 이철우 경북도지사님의 요청이 있었다.

울릉군과 함께 K-U시티 프로그램을 통해 한동대학교 연구소를 하나 세워서 지역의 소멸을 막는 노력을 해 달라는 요청이었다. 단박에 거절하지는 못하고 생각해 보겠다고 대답한 후 기도했다. '고등학교 3학년 학생이 10명도 채 되지 않는 곳에 한동대학교 분교 또는 연구소를 세운다는 것이 말이 되는가?' 그런데 퍼뜩 머리를 스치는 음성이 있었다. "내가 네게 4,300명의 학생을 주었는데 왜 학생이 없다 하느냐?" 즉시 내 일기장에 썼다. '매 학기 한동의 학생

10명을 울릉도에 보내 수업을 듣게 하고, 울릉도에서는 울릉도 출신 학생 10여 명을 특별전형으로 뽑아 매 학기 30-40여 명의 학생이 온라인과 오프라인으로 수업을 듣게 하자.' 한동대학교 울릉캠퍼스가 탄생한 순간이었다.

여러 차례 제안서를 수정한 끝에 최종적으로 한동대학교는 매년 특별전형으로 5명을 글로벌 그린 이노베이션 전공으로 선발하고, 매 학기 한동대학교 학생 20명을 울릉도로 파견하기로 했다. 학생들은 한동대학교 학과목을 온라인 또는 울릉도의 강의실에서 수강하며 울릉도 지역개발 프로젝트에 참여한다. 싱가포르 난양공과대학교의 조남준 석좌 교수가 헌신적으로 울릉캠퍼스의 프로젝트 개발에 참여하고 있다. 그는 울릉도를 '리틀 싱가포르'로 발전시키는 다부진 꿈을 키우고 있다. 이미 여러 팀의 학생들이 파일럿 프로젝트를 수행하러 울릉도에 다녀왔다. 울릉도 고로쇠 물 가공 프로젝트, 해양 심층수 상품화 프로젝트, 관광상품 개발 프로젝트, 울릉도 특산 나물 상품화 프로젝트, 울릉도 상품 브랜드 개발 프로젝트, QR코드로 보는 10개 국어 울릉도 식당 지도와 메뉴 등 기상천외한 아이디어가 계속 나타난다. 이렇게 공헌지능 교육의 현장은 즐겁고 웃음이 넘쳐난다.

이처럼 공헌지능 교육은 지식을 현실에 적용하고, 사람과 지역을 연결하며, 배움을 삶으로 전환하는 여정이다. 외진 섬 울릉도에서도, 먼 나라 필리핀의 들판에서도 한동대학교의 공헌지능은 조용히 뿌리를 내리고 있다. 교실에서 시작된 지식은 현장의 바람과 흙을 만나 비로소 살아 있는 지혜로 피어난다. 그렇게 한동의 배움은 세상 속에서 계속 자라는 중이다.

K-U시티 울릉군 글로벌그린아일랜드 프로젝트 협약식(2024. 3. 25.)

24.

___

HOPE 플랫폼과
HI 연합(Alliance)

___

"전 세계로 지식이 흐르는 혁신"

세상 어느 곳에서든 배움이 이어질 수 있을까?

한동대학교의 새로운 혁신을 추진하면서 고려해야 할 변수가 하나 있었다. 학생들이 학기 중에 해외나 국내의 타 지역에 체류하게 될 경우 일반적인 방식으로는 다른 교과목 수업에 참여하기 어렵다는 점이었다. 특히 공헌지능 교육의 일환으로 진행되는 글로벌 로테이션 프로그램(GRP)에 참여하게 되면 일정 기간 현장에 상주해야 하므로 정규 학기 내 졸업 필수학점을 이수하는 데 차질이 생길 수 있다. 실제로 어떤 학생들은 GRP에 참여하고 싶어도 졸업 일정이 늦춰질 것을 우려해 참여를 망설이기도 했다.

이러한 문제를 해결하기 위해 대면 수업과 동시에 온라인 수강이 가능한 '하이브리드 수업 시스템'을 도입하게 되었다. GRP에 참여하는 학생들도 해외 현장에서 소외되지 않고 한동대학교의 수업을 지속적으로 이수할 수 있게 하기 위함이다. 우선 강의실을 개조해 고해상도 카메라, 음향 장비, 비디오 스트리밍 시스템을 설치하고 해외 현장의 학생들과 실시간으로 연결해 쌍방향 토론이 가능하도록 준비했다. 이미 여러 개의 하이브리드 강의실을 구축했으며, 2025년에도 여섯 개의 강의실을 추가로 전환 중이다.

하이브리드 수업 시스템 도입은 공헌지능 교육의 접근성을 확장하는 실질적 기반이 된다. 나의 바람은 장기적으로 한동대학교의 거의 모든 강의실을 하이브리드 형식으로 전환해 학생들이 어디에 있든지 원하는 수업에 참여할 수 있는 유연한 교육 환경을 실현하는 것이다. 이는 공헌과 학습이 물리적 공간의 제약 없이 융합되는 21세기형 대학교육의 필수 조건이 될 것이다.

이러한 비전을 실현하기 위한 구체적 실행 방안 중 하나가 바로 HOPE 플랫폼의 구축이다. 한동대학교는 온라인 기반 학습을 지원하는 독자적 플랫폼 HOPE(Handong Open Platform for Engagement)를 구축하고 있다. 이 플랫폼은 대면 수업의 보완 수단이자 학생들이 시간과 공간의 제약 없이 지식에 접근할 수 있도록 설계된 열린 학습 생태계다. HOPE에는 정규 교과목뿐 아니라 다양한 주제의 영상 콘텐츠가 축적되며, 학생들은 언제든지 자신에게 필요한 학습 자료를 선택적으로 수강할 수 있다. 특히 해외 현장에 체류 중인 학생이나 시차로 인해 실시간 접속이 어려운 학생들을 위해 교수자의 수업 영상을 녹화해 제공하고, 과제 제출과 시험 응시까지 전 과정을 온라인으로 진행하고 있다.

이와 더불어 Coursera, EdX, Udacity 같은 글로벌 MOOC 플랫폼을 통해 유사 과목을 병행 수강하도록 유도하고 있으며, 학점으로 연계할 수 있도록 제도적 장치도 마련 중이다. 예컨대, 학생이 '디자인 싱킹(Design Thinking)' 과목을 미국 유수 대학의 MOOC에서 수강한 후 HOPE에 제출하면 동일한 과목으로 학점을 인정해 주는 것이다.

또한 HOPE는 국제적 협력의 기반이 되기도 한다. 한동대학교와 교류 협정을 맺은 해외 대학의 교수들이 직접 HOPE를 통해 강의를 개설하고, 국내 학생들이 이를 실시간 또는 녹화 방식으로 수강한 뒤 정식 학점으로 인정받을 수 있는 시스템을 개발하는 중이다. 예를 들어 미국 미시간주 그랜드래피즈에 위치한 캘빈대학교 교수의 강의를 우리나라에 있는 한동대학교 학생이 HOPE를 통해 수강하고 학점을 취득하는 방식이다. 이 시스템은 2027년부터 본격적인 운영을 목표로 하고 있으며, 학습의 국경을 허무는 실질적인 융합 교육의 토대가 될 것으로 기대한다.

HI 교육의 가치를 확산하기 위해 한동대학교는 국내외 대학들과 손잡고 전인지능 고등교육 연합(HI Education Alliance)을 구축해 가고 있다. 이 연합은 교육철학을 공유하고 공동 프로젝트를 수행하며 공헌과 학습이 결합된 교육 모델을 함께 발전시키기 위한 글로벌 협력체다.

2024년 가을 출범 이후 현재까지 70여 개 국내외 대학이 참여하고 있으며, 미국의 캘빈대학교(Calvin University), 노스웨스트대학교(Northwest University) 외에 국제교육컨소시엄(Consortium for Global Education) 소속 대학 등 전 세계 유수 대학 51곳과 함께, 포항공과대학교를 비롯한 국내 19개 대학이 연합의 일원이 되었다. 이들은 한동대학교가 주도하는 HOPE 플랫폼을 활용해 공동 수업을 개설하거나 글로벌 로테이션 프로그램(GRP)에 교수 및 학생을 파견하는 방식으로 실질적인 협력을 진행하고 있다. HOPE가 본격 가동되면 더 많은 국내외 대학이 참여해 국경과 전공의 장벽을 넘는 융합 교육이 현실화될 것으로 기대된다. 한동대학교는 앞으로도 교육의 공공성과 국제적 확장을 목표로 전인지능 고등교육 연합의 외연을 지속적으로 넓혀 갈 것이다.

끝으로 HOPE 플랫폼은 국제 교육 전략을 실현하는 핵심 기반으로 자리 잡고 있다. HOPE를 통해 해외에서 한국 유학을 준비하는 학생들에게 한국어, 영어, 컴퓨터 기초, 수학 등 필수 기초 교과목을 온라인으로 학습할 수 있도록 지원한다. 특히 HIFA(Handong International Freshmen Academy)는 동남아시아 여러 국가의 학생들에게 온라인으로 한국어 수업을 제공하고 있다. 언어 교육뿐만 아니라 한국 대학의 문화와 학습 방식에 대한 사전 적응 훈련이 이루어진다.

이미 베트남과 인도네시아에서 참여한 예비 유학생들은 HIFA 과정을 통해 한국어 능력뿐 아니라 디지털 학습 역량까지 갖추며 본격적인 대학 수업을 시작하기 전 일정 수준의 학문적 기초를 다진 상태로 입학하게 된다. 한동대학교는 이처럼 HIFA를 활용해 더 많은 우수한 유학생을 사전 선발하고 맞춤형 교육을 제공함으로써 유학생들의 조기 적응과 학업 성취도를 높이고자 한다. 앞으로는 동남아시아뿐 아니라 중남미, 아프리카, 중앙아시아 등 다양한 권역으로 교육 서비스를 확대해 전 세계 유학생들과의 연결을 더 강화할 계획이다.

이처럼 한동대학교는 '배워서 나누는' 대학으로서 준비된 글로벌 인재들이 모이는 교육 허브로 도약하고자 한다. HOPE 플랫폼과 HIFA 프로그램은 그 출발점에서 세계와 연결되는 한동의 미래를 만들어 가고 있다. 온라인과 오프라인의 경계를 넘나드는 하이브리드 교육, 국경을 허무는 지식의 이동, 삶으로 이어지는 배움의 실천이 한동의 교육철학을 구체화하고 있다. 한동대학교가 세계를 무대로 펼치는 실험과 도전은 한 대학의 변화를 넘어 미래 고등교육의 방향을 제시하는 이정표가 될 것이다.

제3회 CGE(Consortium for Global Education, 글로벌교육컨소시엄) 국제 콘퍼런스

part 6

한동의 교육을
세계로, 미래로

25.

한동대학교와의
특별한 인연

"Why not change the world?"

2021년 6월 30일, 한동대학교 그레이스 채플에서 고 김영길 초대 총장님의 2주기 추모예배가 엄숙하게 거행되었다. 미국 댈러스에서 2년간 체류하다가 잠시 귀국했던 나는 김 총장님이 유난히 그리웠고, 오랜만에 한동대학교의 변화된 모습도 보고 싶어 추모예배에 참석했다. 이재훈 온누리교회 위임목사님이자 한동대학교 이사장님이 설교를 하셨다. 설교 제목은 '도전과 용기'였다. 그 내용은 수많은 난관과 외풍 속에서도 한동을 설립하고 일으키신 김영길 총장님의 도전과 용기에 관한 것이었다. 그런데 설교를 듣던 중에 갑자기 감정이 북받치더니 결국 참을 수 없는 눈물이 흐르기 시작했다. 이 눈물은 한동대학교에 다시 와야 할 사명이 있다는 말씀으로 들렸다. 당시 한동대학교에서는 제7대(한동대학교 세 번째) 총장을 청빙하고 있었다. 한 달 후 미국으로 돌아가는 비행기 안에서 지나간 10여 년이 주마등처럼 스쳐 갔다.

2012년 4월 중순, 한국은행 금융통화위원 퇴임을 앞두고 기자들과 가진 고별 간담회 자리에서 있었던 일이 떠올랐다. 당시 기자들은 "위원님, 퇴임 후 계획은 무엇인가요? 혹시 입각하십니까? 아니면 서울대학교로 복귀하십니까?"라고 물었다. 나는 담담히 대답했다.

"둘 다 아니고, 백수가 될 예정입니다."

아무도 믿는 사람이 없었고, 모두 '설마!' 하는 표정이었다. "서울대학교는 4년 전 금통위원으로 임명되었을 때 사임해서 돌아가지 못할 것 같고, 아직 오라고 하는 데는 없습니다. 좀 쉬면서 다음 스텝을 생각하려고 합니다." 그렇게 간담회가 마무리되려는 찰나 권용욱 연합인포맥스 기자가 악수를 청하며 말했다. "정말 백수가 되실 것이라면 제 후배들을 가르쳐 주실 수 있겠습니까?" 그래서 어느 대학을 나왔는지 물었더니 바로 '한동대학교'라고 대답하는 것이 아닌가. 한동대학교라면 내가 개교 때부터 후원하던 대학이니 불러 주면 생각해 보겠다고 답했다.

그리고 며칠 후 김영길 당시 한동대학교 총장님이 한번 만나자고 전화를 주셨다. 알고 보니 권용욱 기자가 김 총장님에게 장문의 이메일을 보냈고, 총장님이 메일을 읽으신 후 전화를 하신 것이었다. 이렇게 해서 한동대학교와의 만남이 시작되었다. 그리고 졸업생 추천으로 한동대학교 교수가 되었다.

사실 진작에 온누리교회를 통해 한동대학교에 후원을 약정했지만, 그때까지 한 번도 캠퍼스를 방문한 적은 없었다. 후원하면서도 막연히 '좋은 교육을 하는 학교'라는 인식만 있었을 뿐 구체적으로 어떤 교육이 이루어지는지, 어떤 학생들이 모여 있는지는 잘 알지 못했다. 그러던 중 2012년 6월, 마침내 처음으로 포항 흥해에 위치한 한동대학교 캠퍼스를 방문했다. 오랜 세월 마음속으로만 알고 있던 학교를 실제로 마주하는 것은 내게도 특별한 경험이었다.

캠퍼스에 들어서자 가장 먼저 눈에 띈 것은 거의 모든 건물 출입문에 붙어 있던 문구였다. 'Why not change the world?' 한 문장으로 이루어진 이 슬로건은 한동의 정체성을 상징하는 핵심 문구다. 입구를 지나치거나 건물을 오가면서, 그리고 수업을 듣기 위해 강의실로 들어설 때마다 이 문구와 마주하게 된다. 심지어 학교 정문 돌비석에도 슬로건이 새겨져 있어 방문객들도 처음부터 메시지를 접하게 된다. 말하자면 한동대학교의 하루는 언제나 이 질문과 함께 시작되고 이 질문으로 마무리된다고 해도 과언이 아니다.

그러다가 문득 이런 생각이 들었다. 한동대학교 학생들은 4년 이상 이곳에 지내며 하루에도 여러 차례 'Why not change the world?'라는 질문을 보거나 듣는다. 아무리 신경이 둔한 학생이라 하더라도 반복적으로 노출되는 메시지 속에서 '세상을 변화시키는 삶'에 대한 내적 소명이 조금씩 각인되고 있지 않을까.

그 순간 확신했다. 한동대학교가 하나님 나라의 가치로 세상을 바꾸려는 크리스천 인재를 양성하는 '제자 훈련 공동체'라는 것을. 세속적 성공이 아닌 하나님이 원하시는 방식으로 세상을 변화시키는 삶을 꿈꾸는 이들이 이곳에서 자라고 있다는 것을. 크리스천 인재로 교육을 받되 궁극적인 목적이 세상을 변화시키는 것이라면 한동의 학생들은 진짜 그리스도의 제자로 세상에 선한 영향력을 끼칠 것이란 생각이 들었다. 그제야 왜 한동대학교가 특별한지, 왜 내가 이곳에 마음이 끌렸는지 조금 이해할 수 있었다.

한동대학교를 방문하기 며칠 전, 김영길 총장님의 아내이신 김영애 사모님의 저서 《갈대상자》를 읽었다. 내가 일생 읽은 많은 책 중에서 가장 많이 울었던 책이리라. 《갈대상자》는 하나님 앞에서 어떻게 순종하며 헌신했는지를 보여 주는 생생한 삶의 기록이자 '한동'이라는 학교가 어떤 믿음의 기반 위에 세워졌는지를 드러내는 고백서였다. 책장을 넘길수록 한동이라는 학교에 대해 막연히 가지고 있던 인상이 깊어졌고, 이곳이 평범한 교육기관이 아니라 하나의 사명 공동체라는 생각을 하게 되었다.

그런 여운이 채 가시기도 전에 김영길 총장님의 초대를 받아 총장실 응접실에 앉게 된 것이다. 지방에 있는 중소 규모 대학, 그것도 기독교 대학에서 교수로 일한다는 것은 서울에서 지내던 내게 가볍지 않은 결정이었다. 그러나 의외로 단호하게 마음의 결정을 내릴 수 있었다.

어쩌면 《갈대상자》의 마지막 장을 덮고 나서부터였을지도 모른다. 이곳이 내가 있어야 할 자리라는 확신이 생겼기에 조용히, 그러나 결연하게 결심했다. "그래, 한동대 교수. 지방에 있는 중소 규모 대학의 교수가 되어 보자고!"

그 결심을 내비치자 김 총장님은 마치 오래전부터 기다렸다는 듯 나와 아내를 데리고 캠퍼스 곳곳을 직접 안내해 주셨다. 지금 돌이켜 보면 당시 총장님이 보여 준 장소들은 모두 정돈이 잘 되어 있고 분위기마저 평안한 곳들이었다. 훗날 알게 된 사실이지만 총장님은 낙후된 연구시설이나 정비가 덜 된 공간은 일부러 동선에서 제외했던 것이다. 그러나 나는 그런 의도마저 따뜻하게 느껴졌다. 한동에 대한 자부심과 애정, 그리고 '이곳을 정말 좋은 곳으로 보여 주고 싶다'는 열정이 느껴졌기 때문이다.

　무엇보다 인상 깊었던 것은 김 총장님이 이 학교에서 무엇이 중요한지를 계속 말씀하셨다는 점이다. 학교가 추구하는 인재상에 관한 말씀, 학생을 향한 사랑과 소명이 없다면 한동대학교는 존재할 수 없다는 말씀. 그 모든 이야기가 내 마음에 깊이 각인되었다. 그날, 총장님에게 조용히 말씀드렸다. "총장님, 제가 한동의 식구가 되겠습니다." 그 말은 내 인생의 새로운 시작을 알리는 선언이었다. 한동과의 인연은 그렇게, 뜻밖의 길로 나를 이끌었다.

26.

대학 국제화에
관심을 가지다

"행정이 아닌 헌신으로 만든 국제화"

2012년 7월, 한동대학교 교수로 부임했다.

모처럼 교단에 서게 되어 설레던 것도 잠시, 학교는 예상치 못한 난관에 봉착해 있었다. 이전에 의과대학 유치를 전제로 선린병원 법인을 인수했는데, 유치가 무산되며 재정적으로 큰 타격을 입게 된 것이다. 회계상의 오류와 맞물리면서 결국 대학 법인이 상당한 규모의 부채를 떠안게 되었고, 그 여파로 대학의 주요 은행 계좌가 전격적으로 동결되는 사태까지 벌어졌다. 대학 운영에 필요한 자금을 하루아침에 사용할 수 없게 된 것이다.

문제 해결을 위해 김영길 총장님과 논의하던 중, 문득 오래전부터 알고 지내던 모 은행장의 얼굴이 떠올랐다. 곧장 해당 은행장 집무실로 전화를 걸었지만 비서실에서는 연결을 거부했다. 아마도 이름도 잘 모르는 대학의 교수가 전화했다는 이유로 단순 민원으로 치부했던 것 같다. 다음 날 조금 다른 방식으로 다시 전화를 걸었다. "저는 한국은행 최도성 전 금통위원입니다. 혹시 행장님과 통화 가능할까요?" 물론 '전'이라는 단어는 작게 말했다. 그랬더니 곧바로 연결해 주었고 짧은 설명만으로도 행장님은 상황을 이해하고 적극적으로 협조해 주셨다.

이 사건을 계기로 김 총장님은 나에게 조심스럽게 제안을 하나 하셨다. "아무래도 우리 사회에서는 타이틀이 중요합니다. 국제화 부총장을 맡아 주겠습니까?" 당시에는 학교의 어려움을 해결하고자 발 벗고 나섰던 일이었지만, 돌이켜 보면 그 제안은 곧 나의 대학 행정 커리어의 시작이었다. 국제화 부총장을 수락한 직후 나는 국제화와 관련된 실질적인 업무를 맡기 시작했다.

코이카(한국국제협력단, KOICA)는 우리나라 해외 개발원조를 담당하는 국가기구다. 2012년 2학기에 코이카에서 개발도상국 공무원 14명을 한동대학교에 위탁해 교육할 때였다. 한동대학교로서는 처음 시행하는 공적개발원조 ODA(Official Development Assistance) 교육사업이었는데, 외국 중견 공무원들을 교육하기에는 여러모로 환경이 열악했다. 아무래도 30-40대의 중견 공무원들을 학부 학생들이 사용하는 4인 1실 기숙사에 머무르게 할 수는 없었다. 부랴부랴 4인실을 2인실로 개조하고, 그것도 모자라 학교에서 쓰지 않던 건물을 아파트로 리모델링했다. 그럼에도 불구하고 서울이나 수도권에서 연수받는 동료들과 비교해 환경이 열악하니 불편과 불만이 없을 수 없었다.

프로그램의 주임 교수로서 날마다 불평을 들어야 했다. 하루는 문제를 놓고 아내와 깊이 이야기하던 중 결심했다. "여보, 코이카 연수생들을 양자로 '입양'합시다. 그리고 우리 아들, 딸처럼 사랑으로 돌봅시다." 아내가 눈물을 글썽이며 말했다. "그래요, 우리 아이들이라고 생각하고 사랑합시다." 실제로 나이지리아에서 온 한 유학생이 축구를 하다가 무릎에 큰 부상을 입은 적이 있다. 키도 크고 체격이 매우 우람한 학생이었지만, 아내는 마치 어린 자식 돌보듯 그를 살폈다. 병원에도 직접 데려다주었고, 무릎 재활 수술까지 받게 도왔다. 지금도 그는 아내를 'Mom'이라 부르며, 따뜻한 정을 잊지 않고 있다.

우리 집에 모인 아들 딸들과 함께

또 한 가지 의미 있는 경험이 있었다. 포항은 우리나라 경제개발의 상징과도 같은 도시다. 포항제철(현 포스코)이 자리 잡고 있고, 인근에는 현대중공업과 현대자동차가 있는 울산 산업단지가 있다. 조금 더 가면 구미와 창원 같은 주요 공업단지도 인접해 있다. 코이카 연수생들에게 수도권의 문화생활을 제공할 수는 없었지만, 대한민국의 산업화 현장을 직접 보여 주는 것은 큰 교육적 의미가 있었다. 마침 대학 동기가 현대중공업과 현대자동차의 CEO가 되었던 터라 VIP 견학을 하게 해 주었고, 한국은행의 부서장들에게 우리 학생들에게 산업 현장을 볼 수 있게 해 달라고 부탁했다.

코이카 연수생들과 산업 시찰

모두 기꺼이 응답해 주었고, 덕분에 연수생들은 대한민국의 산업 성장을 생생히 체험할 수 있었다. 어떤 연수생은 자기 나라의 현실을 떠올리며 눈시울을 붉히기도 했다. 특히 동티모르에서 온 한 연수생은 우리나라의 발전상을 보며 감정이 복받친 듯 눈물을 흘렸다. 명절이 되어 학교 식당이 문을 닫자 우리는 연수생들을 집으로 초대해 함께 음식을 나누고 각 나라의 노래를 부르며 어울려 춤을 췄다. 이 같은 따뜻한 연대와 배려 덕분에 그해 한동대학교의 코이카 연수 프로그램은 전국 최고 우수 프로그램으로 선정되는 쾌거를 이루었다. 그때 한동대학교의 진정한 정신을 배웠다. 내가 먼저 낮아지고 손해를 감수하고 기꺼이 희생할 때 비로소 이웃이 살아나고 사회가 바로 설 수 있다는 믿음이었다. 지금도 한동대학교에 온 코이카 연수생들은 배움과 사랑 안에서 기쁘게 지내고 있다. 언젠가 "교수님, 이번에 제가 총리가 되었습니다" 혹은 "이번에 장관으로 임명됐습니다"라는 연락이 올 날을 기대하며 오늘도 여정을 이어 간다.

한편 유엔아카데믹임팩트(UNAI)라는 유엔의 사업이 있다. 반기문 전 유엔사무총장이 시작하신 사업으로, 전 세계의 대학들이 협력해 빈곤 퇴치와 평화와 번영이라는 유엔헌장의 목표 달성에 기여하자는 목적으로 시작되었다. UNAI는 이러한 목표 달성을 위해 10가지 주요 이니셔티브를 설정하고, 각 분야를 대표해 이를 이끌 10개의 허브대학을 지정했다.

한동대학교는 '개발도상국 고등교육 역량개발' 분야의 허브대학으로 선정되었다. 일찍이 김영길 총장님이 개발도상국의 역량 개발을 돕는 비전을 갖고 계셨고, 유네스코 유니트윈 프로그램을 이미 진행하고 있었기에 UNAI 허브대학 지정은 당연한 것이었다.

하지만 UNAI의 이니셔티브에 공감하고 협력할 해외 대학을 찾는 일은 쉽지 않았다. 이에 한동대학교는 국내 대학들이 먼저 뜻을 모아 함께 활동할 수 있도록 'UNAI 한국협의회(UNAI Korea)'를 조직했다. 첫 성과로 전 세계 대학생들이 참여하는 국제개발사례 발표대회를 개최했다. 당시 반기문 유엔사무총장이 직접 참석해 대상

수상자들에게 상장과 상금을 수여하는 영예로운 자리를 마련하기도 했다. 우리나라를 비롯해 일본, 미국, 호주, 유럽 각국의 학생들이 참가하면서 세계 대학 간 국제개발 담론이 본격적으로 형성되기 시작했다.

UNAI 대학생 국제개발협력 논문경시대회에서 발표하는 학생

다음 해에도 발표대회는 성황리에 열렸고, 참가자들의 관심과 참여도 역시 눈에 띄게 높아졌다. 비록 장기적인 재정 후원 확보에 실패해 대회를 지속하지는 못했지만, 국제개발이라는 글로벌 공공의제를 향한 대학생들의 시야를 넓히고 행동의 출발점을 만들어 준 것은 분명한 성과였다. 한동대학교는 이 경험을 통해 국제적 책무를 감당하는 교육기관으로서의 소명을 새롭게 확인하게 되었다.

UNAI 한국협의회는 이후 고 김영길 총장님의 숙원이던 세계시민교육의 체계를 세우고, 대학생과 일반인을 대상으로 세계시민교육을 실행하며 이 시대를 변화시킬 인재를 양성하고 있다. UNAI 한국협의회는 현재 유중근 전 한국적십자 총재가 이사장으로 이끌고 있으며, 세계시민교육과 ESG교육을 세계로 확산하는 일을 한동대학교와 함께 추진하고 있다.

한동에서 내가 확장한 국제화는 의무적으로 외국인 학생을 초청하고 해외와 협약을 맺는 일이 아니었다. 진정한 국제화는 타인을 '내 사람'으로 품으려는 태도에서 시작된다는 사실을 깊이 체득했다. 낯선 이에게 가족이 되어 주고 정성과 창의성으로 길을 열어 주는 것. 이것이 한동의 진짜 경쟁력이었다.

그래서 지금도 믿는다. 마음을 다해 사람을 품는 대학은 결국 세계를 품게 될 것이라고.

27.

학문과 신앙의 통합

"연결이 아닌 통합"

서울대학교에서 교수로 재직할 당시, 학생들을 선발해 미국 기업의 파이낸스(Finance) 사례를 분석하고 해결 방안을 제시한 뒤 영어로 발표하는 실전형 훈련 프로그램을 운영했다. 이 프로그램은 FCRC(Finance Case Research Club)라는 이름의 동아리로 정식화되었고, 2003년 4월 미국 시애틀에서 열린 세계경영사례분석대회(Global Business Challenge)에 참가해 당당히 우승했다.

전 세계 12개국 16개 대학이 참가한 이 대회는 워싱턴대학교, 버클리대학교, 에모리대학교 등 미국의 명문대는 물론 프랑스 낭트대학교, 일본 고베대학교, 대만 정치대학교 등 유수의 국제 대학들이 대거 참여한 권위 있는 대회였다. 세계적인 경쟁에서 이룬 이 성과는 서울대학교 재직 중에 경험한 가장 보람 있는 일이었다.

한동대학교 학생들은 영어 실력이 뛰어나기에 서울대학교에서 운영했던 사례 분석 동아리와 유사한 프로그램을 한동에서도 시작해 보고 싶었다. 동시에 파이낸스(Finance)를 '돈을 버는 수단'이 아닌 '사회에 기여하는 도구'로 인식하고, 배움과 신앙이 일치하는 학술 공동체로 발전시키고자 하는 바람이 컸다. 이러한 취지를 담아 동아리 이름을 NFGS(Nehemiah Finance for the Good Society)로 정했다.

이 명칭은 2013년 노벨경제학상을 수상한 예일대학교의 로버트 실러(Robert J. Shiller) 교수가 쓴 《*Finance and the Good Society*》라는 책에서 착안한 것으로 동아리의 설립 목적과도 깊이 맞닿아 있었다. '느헤미야'는 페르시아에서 돌아와 동료 유대인들을 이끌고 53일 만에 예루살렘 성벽을 재건한 신앙과 헌신의 인물로, 공동체 회복과 선한 영향력을 상징하는 이름이다. 이러한 비전을 품고 사회를 살리는 금융을 배우고 실천하겠다는 열망을 가진 학생들이 모여 NFGS가 시작되었다. 매주 진행되는 사례 발표 시간에 직접 참여해 함께 공부하고 지도했는데, 학생들의 열정과 수준은 서울대학교 FCRC와 비교해 전혀 뒤처지지 않았다.

서울대학교 FCRC 초대 회장이자 현재 넥스트랜스 대표인 홍상민 씨도 포항까지 내려와 NFGS 학생들을 지도하며 아낌없는 격려를 보내 주었다. 2014년 말, 내가 서울로 돌아가게 되었을 때는 NFGS 학생들이 내 어깨에 손을 얹고 "교수님을 서울로 파송합니다"라고 기도해 주었다. 그 순간은 지금도 마음 깊이 남아 있는 감사한 기억이다. 이처럼 학생들의 헌신과 믿음으로 시작된 NFGS는 오늘날에도 한동대학교의 대표적인 학술동아리로 활발히 활동하고 있다.

한동대학교는 교수 임용을 위한 지원서에 다섯 편의 에세이를 요구하는데, 그중 한 가지 질문은 '학문과 신앙을 어떻게 통합할 것인가?'이다. 이는 지원자가 자신의 학문적 소명과 신앙적 정체성을 어떻게 조화롭게 엮어 내는지를 진지하게 묻는 질문이다. 나 역시 한동대학교에 지원하면서 이 질문을 마주했고, 고민에 빠지게 되었다. 내가 전공한 경영학, 특히 그중에서도 파이낸스(Finance)라는 학문은 냉철한 숫자와 이성, 계산과 이익의 논리를 다루는 분야다. 이처럼 '돈'과 밀접하게 연결된 학문이 과연 기독교 신앙과 조화를 이룰 수 있을까? 처음에는 쉽지 않은 도전처럼 느껴졌다.

많은 이가 파이낸스(Finance)를 '피도 눈물도 없는 차가운 학문'으로 인식하고, 때로는 탐욕과 부의 축적이라는 부정적인 이미지와 연관 짓는다. 특히 수단과 방법을 가리지 않고 이익을 추구하는 자본주의의 폐해를 떠올릴 때, 파이낸스(Finance)는 신앙과 거리가 멀다고 여겨지기 쉽다. 그런 까닭에 일부 사람은 이 질문에 대해 비즈니스와 관련된 성경 구절 몇 개를 인용해 통합을 설명하려 들기도 한다. 그러나 그 방식은 학문과 신앙을 '연결'하는 것이지, 진정으로 '통합'하는 것은 아니라고 생각한다.

통합이라는 단어는 영어로 '인터그레이트(Integrate)'다. 이는 단순한 병렬적 연결이 아니라 내면의 일관된 세계관과 가치관이 학문과 실천에 자연스럽게 스며들어 일치된 태도를 이끌어 내는 과정이다. 결국 '학문과 신앙의 통합'이란 나의 신앙이 나의 연구와 가르침, 나아가 학문적 탐구의 전 과정에 어떻게 반영되고 스며드는지를 묻는 말이다. 그렇다면 파이낸스(Finance)라는 학문이 다루는 다양한 사회 문제, 곧 양극화, 청년 실업, 신용불량자의 증가, 중소기업의 도산과 같은 현실의 고통을 기독교적 관점으로 바라보고 그것을 해결하기 위한 책임 있는 금융의 역할을 탐색하는 것이야말로 진정한 통합의 실천이 아닐까?

이윤을 추구하는 것에 머무르지 않고, 맹목적이지 않으며 약한 자를 돕고 공공의 선을 위한 자본의 흐름을 설계하는 것이야말로 신앙에 뿌리를 둔 금융학자의 책임이라 할 수 있다. 그러한 의미에서 그리스도인 교수 자격으로 신앙의 가치와 윤리를 바탕으로 학생들에게 파이낸스(Finance)를 가르치고 실제 사회 문제를 해결할 수 있는 방향으로 연구를 수행하고자 했다. 신앙에 기반한 나의 가르침과 배움, 연구가 타락한 사회를 회복시키는 데 쓰임받을 수 있다면 학문과 신앙의 통합이자 나의 신앙이 실천되는 구체적인 자리라고 여긴 것이다.

강신익 LG전자 사장의 이야기를 빼놓을 수 없다. (강 사장은 내가 크리스천 CEO 포럼의 회장으로 섬길 때 부회장으로 나와 호흡을 맞춘 분이다. 사람들은 우리를 '최강 팀'이라 불렀다.) 내가 한동대학교에 임용된 다음 학기에 강 사장도 한동대학교 교수로 부임했다. LG전자의 미주 지역 사업부를 지금처럼 키워 낸 입지전적 레전드인 그가 대학교수가 된 것은 학계는 물론 비즈니스계에도 큰 충격과 도전이었다. 그가 가르친 '문제 해결 원리' 수업에서 강 교수는 학문과 신앙의 통합을 가장 효과적으로 시현해 냈다. 크리스천 마인드를 가지고 기업과 사회의 아픈 문제를 창의적이지만 신실한 방식으로 해결하는 과정에서 학생들은 몸으로 배움과 신앙의 통합을 체험했을 것이다. 강 교수는 그뿐 아니라 '공동체 성경 읽기' 운동을 한동에서 시작해 확산시킨 집

넘의 신앙인이자 그리스도의 신실한 제자다.

그렇다. 한동대학교는 바로 이런 통합을 지향한다.

배움과 신앙의 일치를 강조하며, 지식 자체가 아니라 그것을 통해 무엇을 섬기고 누구를 세울 것인가에 주목한다. 신앙이 없는 배움에는 목적이 없고 신앙의 바탕이 없는 학문 역시 메마를 수밖에 없기 때문이다. 이처럼 한동대학교의 교육은 지성과 영성, 학문과 신앙이 하나로 어우러질 때 교육의 목적이 완성된다고 믿는다.

28.

대학교육 혁신에
눈을 뜨다

"이타적 세계시민을 기르는
기독교 대학"

2014년 봄, 미국 미시간주 그랜드래피즈에 위치한 캘빈대학교 (Calvin University)로부터 뜻깊은 초청을 받았다. '기독교 고등교육: 세계적 도전과 지역적 실천(Christian Higher Education: Global Challenges, Local Practices)'이라는 주제로 열리는 국제 학술대회에서 논문을 발표해 달라는 요청이었다. 당시 내가 발표한 논문은 글로벌과 디지털 환경, 교육의 불평등이라는 복합적 도전 속에서 한동대학교가 어떤 방식으로 국제화를 실현해 왔는지를 소개하는 내용이었다(논문명: Internationalization in the Asian Pacific: The Case of Handong Global University Facing New Challenges in a Global, Digital, and Unequal World).

나는 콘퍼런스에서 대학은 지식을 발굴하고 전달하는 것이 주된 사명이지만 더 중요한 것은 학생들에게 '무엇을 볼 것인가?(What to see?)'와 '어떻게 사고할 것인가?(How to think?)' 그리고 '어떻게 내 생각을 전달할 것인가?(How to deliver?)'를 배우게 하는 것이라고 강하게 주장했다. 이는 교육학자가 아니었음에도 지난 30여 년간 강의와 학생들과의 만남을 통해 체득한 교육자로서의 확신에서 나온 말이었다.

사실 우리가 대학에서 가르치는 지식은 시간이 지나면 빠르게 퇴색하거나 기술 변화에 따라 무용지물이 되기 십상이다. 학생들은 시험을 위해 암기했던 내용을 금세 잊어버리고, 졸업 후 실무에 투입되면 학교에서 배운 이론과 실제의 간극에 당혹감을 느끼곤 한다. 따라서 진정한 교육은 단순한 지식 축적이 아니라 세상을 바라보는 시각을 형성하고, 그 시각을 바탕으로 문제를 해석하고 해결하는 사고 능력을 기르는 데 중심을 두어야 한다.

무엇보다도 기독교 대학이라면 교육적 시각이 이기심이 아니라 이타심에서 출발해야 한다고 보았다. 단지 내 앞가림만을 위한 능력이 아니라 타인의 고통을 직시하고 이를 해결하고자 마음먹는 책임감 있는 세계시민으로 성장할 수 있도록 돕는 것이 기독교 고등교육의 진정한 사명이다. 내 눈앞에 있는 것뿐 아니라 지구 반대편에서 가난과 차별로 신음하는 이들의 현실까지도 직시하는 통찰력, 곧 '이웃의 고통을 나의 문제로 받아들이는 공감 능력'이야말로 기독교 대학이 길러 내야 할 가치 중 하나다.

그러므로 학생들에게 세상의 구조적 불의와 복잡한 문제들을 기독교 세계관의 틀 안에서 바라보도록 훈련시키는 일이 절실하다. 기독교적 통찰을 기반으로 '공감의 안목'을 갖춘 인재만이 진정으로 사회에 기여할 수 있다. 전문 지식인으로서 임하는 훈련을 확장해 세상 속에서 소외되고 잊힌 이들을 발견하고, 그들의 곁에 함께 서려는 자세를 갖춘 사람. 바로 그러한 사람이 오늘날 기독교 대학이 배출해야 할 인재상이며, 내가 그 자리에서 강조하고자 했던 핵심이었다.

문제를 보는 눈이 열렸다면 이제 문제를 어떻게 해결할지 깊이 사고하는 훈련이 뒤따라야 한다. 현실을 인식하는 데서 멈추지 않고 그것을 변화시키기 위한 구체적인 사고 과정과 실천적 상상력을 기르는 일이 중요하다. 특히 기독교 대학에서는 사고의 틀이 성경적 관점에 기반해야 한다. 세상의 문제를 바라보되 인간의 이기심이 아닌 하나님의 정의와 긍휼의 시선으로 사고하고 해석할 수 있어야 한다. 이처럼 사고력은 끊임없는 훈련과 사유의 반복 속에서 형성된다.

또한 사고력은 혼자만의 사색으로 다듬어지는 것이 아니라 다양한 관점과 부딪히고 토론하는 가운데 확장된다. 그래서 교육 현장에서 '토론'을 매우 중요하게 생각한다. 단답형 문제 풀이나 암기 중심의 학습은 문제를 정확히 인식하고 깊이 사유하는 능력을 키우는 데 한계가 있다. 교수는 일방적으로 강의하고 학생은 받아 적는 방식의 전통적 교실은 이미 시대의 흐름에 어긋난다. 비판적 사고, 창의적 해결, 그리고 협업의 역량은 수동적 학습이 아니라 능동적 참여와 상호작용 속에서 자라난다.

한동대학교는 사고 훈련의 일환으로 팀 프로젝트 수업을 유난히 많이 운영한다. 학생들은 팀 안에서 역할을 나누고 협업하며 서로의 아이디어에 반박하고 보완하면서 사고하는 법을 배운다. 자신과 다른 관점을 수용하고 조율하는 과정을 통해 논리적 사고력뿐 아니라 공동체적 리더십도 함께 성장한다. 이런 환경에서 자란 학생들은 시험을 잘 보는 인재가 아니라 세상의 복잡한 문제를 함께 고민하고 해결할 수 있는 준비된 시민으로 자라난다.

그러나 사고하는 능력만으로는 충분하지 않다. 디지털 시대에는 자기 생각을 명료하게 표현하고 상대를 설득하는 커뮤니케이션 능력이 필수적이다. 아무리 좋은 생각도 전달되지 않으면 의미가 있을 수 없다. 따라서 말과 글, 프레젠테이션을 통해 자신의 논리를 설득력 있게 펼치는 능력을 반드시 훈련해야 한다. 나의 경험상 우리나라 대학생들이 특히 약한 부분이 바로 '표현력'이다. 열심히 생각은 하지만, 그것을 정리하고 전달하는 데 어려움을 겪는 경우가 많다. 더욱이 글로벌 환경에서 활동하려면 영어로도 자기 생각을 조리 있게 말할 수 있어야 한다. 그래서 한동대학교에서는 다양한 영어 토론 수업, 발표 과제, 에세이 작성 등을 통해 학생들의 표현 능력을 다듬는 데 주력하고 있다.

표현력과 함께 또 하나 강조되어야 할 것은 인격과 신앙이다. 결국 배움이란 머리를 채우는 것이 아니라 삶을 형성하는 과정이기 때문이다. 그래서 정직, 성실, 긍휼과 같은 인간됨의 덕목을 세계시민의식과 더불어 훈련시켜야 한다고 주장했다. 지식과 기술, 사고력과 표현력 위에 신앙의 기반이 튼튼히 놓일 때, 한 사람의 인생은 비로소 뿌리를 내린다. 이러한 가치교육이야말로 기독교 대학이 사회에 기여할 수 있는 본질적 사명이라 믿는다.

돌이켜 보면 캘빈대학교 콘퍼런스에서 이 같은 내용을 발표하며 한동대학교의 HI 교육의 핵심 정신을 이미 외부에 선포했던 셈이다. 이 발표를 계기로 나의 내면에는 본격적인 교육혁신에 대한 열망이 싹트기 시작했다. 교육 내용을 표면적으로 바꾸는 수준이 아니라 대학교육의 철학과 방법 자체를 근본부터 다시 묻고 새롭게 재구성하고자 하는 열망이었다. 열망은 시간이 흐를수록 더 또렷해졌고, 이는 2022년 2월 한동대학교 제7대 총장으로 취임할 당시 취임사에 고스란히 담겼다.

"지금 한동은 갈림길에 놓여 있습니다. 현재에 만족하고 미래의 도전을 회피하면 한동대학교는 하나의 지방 대학으로 전락할지도 모릅니다. 그러므로 한동은 도전이라는 바람을 타고 솟구쳐 올라야 합니다. 과감한 리바이벌, 즉 부흥을 통해 한동대학교를 리셋(Reset)해야 합니다. 우리는 하나님이 주인 되시는 기독교 대학, 글로벌 시민을 양성하는 글로벌 대학, 정직과 성실로 세상을 섬길 학생들의 성공을 최우선으로 하는 대학으로 차별화해야 합니다."

"한동의 리바이벌은 영성 리바이벌에서 시작되어야 합니다. 한동대학교는 하나님의 말씀 위에 세워진 대학입니다. 우리의 배움과 지식의 기반은 예수 그리스도입니다. 기독교 대학은 학문 연구와 교육을 통해 그리스도가 다스리는 세상을 배우고 알아 가는 곳입니다. 말씀 속에서 하나님의 뜻과 계획을 깨닫고, 내게 주어진 소명을 발견하며, 어둡고 타락한 세상을 밝히는 그리스도의 동역자를 키우는 대학입니다."

"한동의 두 번째 리바이벌은 교육의 리바이벌입니다. 지식의 세계는 빛의 속도로 발전하고 있습니다. 일부 학문 분야에서는 매일 지식의 양이 두 배로 늘어난다고 합니다. 대학에 입학하는 학생이 배우는 내용이 졸업할 때가 되면 태반이 쓸모없는 것이 되는 세상입니다. 어떤 이는 이런 상황을 '20세기 교수가 21세기 학생을 가르치는 교육'이라고 표현했습니다. 전공 분야별로 구분되는 대학의 교과과정도 바뀌어야 할 때가 되었습니다. 창의적이며 융복합적인 생각이 세상을 변화시키는 시대를 맞이한 한동대학교는 교육을 새롭게 만들어 가야 합니다. 대규모, 대형 대학이 할 수 없는 변신을 한동대학교는 할 수 있습니다. 1995년에 대학교육 혁신의 기치를 높이 세웠던 것처럼 2022년에 한동대학교는 또다시 대학교육 혁신의 선구자가 되어 하이테크, 하이터치 교육의 새로운 모습을 개척해야 합니다."

한동대학교 총장 취임식(2022. 2. 8.)

29.

한동대학교 총장이 되어
제2의 창학을 시작하다

"See the Invisible,
Do the Impossible."

2022년 3월, 코로나19가 완전히 종식되지는 않았지만 마스크 없는 대면 수업이 재개되었다. 지난 2년은 신입생 오리엔테이션인 한스트(HanST: Handong Spiritual Training)조차 온라인으로 진행할 만큼 캠퍼스의 일상이 무너져 있었기에 학생들의 얼굴을 꼭 직접 보고 싶었다. 학생들 역시 서로를 마주하고 같은 공간에서 함께 배우고 성장하기를 간절히 원했다. 개강 직후 산발적으로 코로나 감염 소식이 들려오기는 했지만 생활관 간사님(현 전인교육원 코치)들과 학생처장, 직원 선생님들의 민첩한 대응과 헌신적인 섬김으로 크게 확산되지 않았고, 학기가 진행되며 코로나19는 점점 옛이야기가 되었다.

그러나 코로나19가 남긴 상흔은 깊었다. 많은 학생이 심리적으로 위축되어 있었고, 일상의 습관이나 또래와의 교우관계, 무엇보다 신앙생활에 큰 공백을 겪고 있었다. 전인적 성장을 지향하는 한동의 공동체가 무기력과 거리감 속에 조용히 침전되고 있는 듯한 분위기였다. 개교 초기엔 학생들의 예배가 '광신도 집단'처럼 보일 정도로 뜨거웠다는 이야기를 들었는데, 지금은 예배가 지나치게 조용하고 얌전했다.

이런 상황에서 학생들의 영적 회복을 간절히 바라는 마음으로 '영적 리바이벌'을 선포했다. 그 첫걸음으로 교직원들과 함께 40일 동안 매일 아침 특별기도회를 갖자고 제안했다. 우리는 함께 기도하며 이 대학의 진정한 주인이신 하나님만을 의지하고 그분의 인도하심을 체험하길 소망했다. 동시에 모든 학생이 공동체 성경 읽기(PRS)에 참여하도록 독려했다. 성경을 함께 읽고 듣는 가운데 성령께서 각자의 마음에 감동을 주실 것이라 믿었다. 감사하게도 거의 모든 팀이 자발적으로 PRS에 참여했고, 우리 대학의 PRS추진본부도 열정적으로 섬겨 주었다. 특히 이 운동을 전 세계에 전파하고 있는 그레이스앤머시 재단(Grace & Mercy Foundation)이 재정적으로 큰 도움을 주어 지속적인 운영의 기반을 마련할 수 있었다. 말씀과 기도, 예배가 살아나면서 캠퍼스의 영적 분위기가 서서히 밝아졌고 공동체는 다시금 살아 숨쉬기 시작했다.

총장으로 취임한 직후부터 가장 중점을 두고 추진한 과제는 기독교 대학으로서의 정체성과 미래지향적 교육혁신을 동시에 강화하는 일이었다. 두 가지는 결코 분리될 수 없으며, 서로 맞물려 한동대학교의 고유한 존재 이유를 형성한다고 보았기 때문이다. 그중에서도 핵심은 전인지능(HI)을 기반으로 전인 교육 시스템을 체계적으로 구축하는 것이었다. 지식과 기술을 전달하는 데 그치지 않고 학생들의 인성, 영성, 공동체 의식, 글로벌 시민의식까지 아우르는 교육이야말로 지금 시대가 요구하는 진정한 대학교육이라고 확신했다.

동시에 글로벌 캠퍼스 확장과 국제적 협력을 통해 한동의 교육이 더 넓은 무대에서 영향력을 발휘하게 하는 것도 중요한 전략 방향이었다. 글로벌 역량은 선택이 아니라 필수였다. 고립된 지역 대학이 아니라 세계를 품은 기독교 대학으로 나아가기 위해 교육 방식뿐만 아니라 교육의 비전 자체를 새롭게 구성할 필요가 있었다.

특히 한동대학교의 정체성을 구성하는 요소인 기독교 대학 문화가 학생들의 일상에 자연스럽게 스며드는 삶의 양식으로 정착되기를 원했다. 기독교 대학의 정체성이란 몇몇 프로그램이나 과목에 국한된 것이 아니라 매일의 생활 속에서 성경 말씀과 기도와 예배가 살아 숨 쉬고, 관계와 선택과 태도와 결정에까지 영향을 미치는 문화여야 한다. 그래서 PRS 운동을 더 확장하고, 채플 예배를 포함한 다양한 영적 훈련의 질적 수준을 높이기 위해 지속적인 노력을 기울였다. 단순히 더 많이 더 자주 모이자는 것이 아니라, 학생들의 내면에 실제로 성령의 감동이 임하고 각자의 삶에서 신앙이 살아 있는 동력으로 작용할 수 있도록 돕고자 했다.

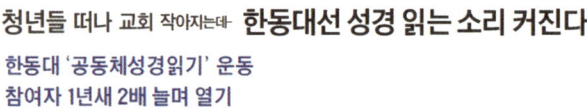

*출처: 국민일보 2022년 3월 25일 자 기사

이러한 흐름에 학생들이 자발적으로 동참한다는 사실은 총장으로서 더없이 큰 감동이었다. 신입생 오리엔테이션 프로그램인 한스트는 대표적인 예다. 한스트 프로그램은 교직원이 주도하는 타대학의 오리엔테이션과 달리 오롯이 선배 학생들이 주관하고 운영한다. 방학 중에도 캠퍼스로 돌아와 합숙하며 기도로 하루하루를 준비하고, 후배들을 위한 프로그램을 스스로 기획하고 실행한다. 신앙과 공동체 문화를 후배들에게 전수하는 '사명'으로 받아들이는 이들의 태도는 그 자체로 신앙 교육의 본보기가 된다. 이는 일회성 프로그램이 아니라 한동대학교의 정체성과 전통이 세대 간에 살아 있는 형태로 계승되고 있다는 증거다.

그 외에도 한동대학교 학생들은 캠퍼스 안팎에서 신앙을 삶으로 살아 내는 실천가의 모습을 보여 주고 있다. 매년 열리는 '사랑의 마라톤'은 손꼽는 행사 중 하나다. 이는 장애인들과 함께 캠퍼스를 달리고 걷는 체육 행사로 '함께함'의 의미를 되새기고 연약한 이웃과의 동행을 몸으로 경험하게 한다. 결승선을 통과하며 해맑게 웃는 참가자들, 같이 걷고 뛰며 장애인들과 마라톤을 마친 학생들의 눈물은 신앙 공동체 한동의 진면목을 보여 준다. 학생들이 직접 기획하고 섬기는 이 행사에는 한동의 교육철학이 그대로 살아 움직인다.

사랑의 마라톤

그뿐 아니라 2023년 포항 홍수 피해복구 활동, 2025년 경북 산불 피해지역 봉사 등 재난이 닥칠 때마다 한동의 청년들은 한마음으로 현장에 달려갔다. 누구의 지시 없이 능동적으로, 헌신적으로 움직였다. 현장 속에서 그들은 지식보다 중요한 것이 무엇인지, 리더십이 무엇인지를 실제로 체득했다.

나는 우리 학생들이 너무도 자랑스럽고 진심으로 사랑스럽다. 이들은 공동체를 위해 기꺼이 헌신할 줄 아는 사람들이다. 이들이 바로 한동대학교의 가장 소중한 자산이며 미래의 세상 속에서 하나님 나라의 가치를 드러낼 일꾼들이다. 이들이 자라나는 환경을 더 건강하고 풍요롭게 가꾸는 것이 지금 이 자리에서 내가 감당해야 할 가장 중요한 책무라고 믿는다.

교육혁신 측면에서도 HI 교육의 뿌리를 내리는 일에 각별한 노력을 기울였다. 미네르바대학교, 애리조나주립대학교(ASU)와의 협업을 통해 자기 주도적 학습, 토론 중심 수업, 그리고 창의적 문제 해결 역량을 키우는 4C 교육을 정착시켜 가고 있다. 나아가 'Why not change the world?', '공부해서 남 주자'라는 한동의 교육철학이 실제 삶에서 구현되도록 글로벌 현장 기반 학기도 활발히 운영되고 있다.

이 모든 교육혁신의 흐름은 단순한 제도 개편이 아니라 하나님이 맡기신 '다음 세대를 위한 사명'이라는 확신 아래 진행되고 있다. 한동의 청년들이 AI 시대에도 정직과 성실, 사랑과 희생의 가치를 잃지 않고 살아가는 리더로 자라나도록 돕는 것. 그것이 바로 이 자리에 있는 나의 가장 소중한 소명이다. 한동의 교육은 시대의 변화에 따라가는 것이 아니라, 믿음의 힘으로 세상을 이끌어야 한다. 나는 지금 이 캠퍼스에서 제2의 창학을 준비하며 다시금 하나님이 이끄시는 대학의 비전을 마음에 새기고 있다.

30.

글로컬대학30
프로젝트

"글로컬 혁신으로 여는 교육의 미래"

2024년 8월 말, 한동대학교는 글로컬대학30 사업에 선정됐다.

글로컬대학30 프로그램은 한동대학교가 새롭게 도약하는 원동력이며, 하나님이 한동대학교에 주신 발전의 기회이자 축복이다. 2024년부터 시작해 현재 2년 차를 지나고 있으며, 앞으로 3년 반의 본사업 동안 지속 가능한 교육혁신 모델을 구체화해야 한다. 사업 종료 이후에도 5년간 후속 발전기를 통해 외부 지원에 의존하지 않고 자립할 수 있는 재정·구조적 기반을 갖춘 대학 시스템을 완성해야 한다.

모든 여정의 중심에는 새로운 교육 패러다임이 놓여 있다. 그것이 바로 한동대학교가 지속적으로 추진해 온 전인지능(HI) 교육이다. 우리는 AI 기술을 '배우는' 데 머무르지 않고 기술이 인간의 삶을 어떻게 변화시키는지를 고민하는 교육을 지향한다. 창의력, 비판적 사고, 협업, 의사소통 등 AI 시대의 핵심 역량과 함께 인성, 공동체 의식, 윤리적 책임감 그리고 글로벌 시민으로서의 정체성까지 함께 함양하는 인간 중심 교육이 목표다. 이러한 인재 양성은 시대가 요청하는 수준을 넘어 우리가 지향하는 신앙과 인류 공동선(共同善)의 비전과도 맞닿아 있다.

이를 위해 한동대학교에서는 미네르바대학교, 애리조나주립대학교(ASU) 같은 혁신적 글로벌 대학들과 협력해 맞춤형 융합전공 체계를 개발하고 있다. 또한 AI 기반의 글로벌 교육과정을 설계해 타 대학과도 공유할 수 있도록 준비 중이다. 이제 디지털 기술은 도구가 아닌 연결의 매개체로 기능한다. 이에 우리는 교육의 '장소성'을 넘어서는 시도를 통해 대학의 경계를 디지털로 확장하고 있다.

새로운 비전을 구체화하기 위해 구축 중인 플랫폼이 바로 HOPE(Handong Open Platform for Engagement)다. HOPE는 한동대학교의 교육 콘텐츠를 온라인 기반으로 전 세계 학생 및 교수들과 연결하는 글로벌 교육 허브다. 교육을 통해 세상에 희망을 심어 준다는 의미에서 HOPE라고 이름을 지었다. 그리고 이 플랫폼의 내실화와 실현화에 박차를 가하기 위해 2024년 HI Alliance(전인지능 고등교육 연합)을 설립했다.

이 연합에 가입한 국내외 대학들은 HOPE에 탑재된 콘텐츠를 공유하며, 자국이나 자교에서 개설하기 어려운 과목을 공동으로 수강할 수 있게 된다. 또한 교수들은 자신의 강의 콘텐츠를 전 세계 학생들에게 온라인 또는 VOD 형태로 제공하며 교육의 지평을 확장할 수 있다. 이처럼 한정된 자원을 나누고 연결함으로써 중소형 대학이 함께 살아남을 수 있는 지속 가능한 고등교육 생태계를 모색하고 있는 것이다. 2025년 상반기 기준으로 전 세계 70여 개 대학이 HOPE와 HI Alliance에 참여하고 있다. 특히 미국에서 48개 대학이 가입했으며, 콘텐츠를 공급하게 된다. 이는 대학 네트워크를 형성하고 '글로벌 캠퍼스 공동체'로 발전하는 것이다.

글로컬대학30이 추구하는 비전은 '글로벌'에만 있는 것이 아니다. 진정한 글로컬(Glocal)은 세계와 연결하되 지역에 뿌리를 내리는 것이다. 한동대학교는 포항이라는 지역적 토양 속에서 시대적 전환의 길목에 서 있다. 포항은 오랜 시간 철강 산업에 의존해 왔지만, 이제는 디지털 기반의 첨단 신산업 도시로 탈바꿈하고자 한다. 시대적 변화의 한복판에서 한동대학교는 '지역산업 전환의 플랫폼', 그리고 '미래혁신 생태계의 허브'로 기능하고 있다.

한동대학교는 포항시와 협력해 국토교통부의 '글로벌 기업혁신 파크' 사업에 선정되었고 이차전지, 수소, 바이오, 로봇 등 신성장 산업을 중심으로 산학협력 인프라를 조성하고 있다. 이 공간은 지역 기업들이 기술과 인재를 융합해 새로운 가치를 창출할 수 있는 오픈 이노베이션의 장이자 교육과 연구, 산업과 창업이 유기적으로 연결되는 생태계다. 또한 임대수익, 공동사업, 수탁 연구, 장비 공유 등의 다양한 방식으로 수익을 창출함으로써 한동대학교는 글로컬대학 사업 이후에도 자생적인 재정 구조를 확보하게 될 것이다.

또 다른 시도로 '제네시스랩(Genesis Lab)'을 주목할 수 있다. 2023년 2월 착공해 1년 5개월간의 공사를 거쳐 완공된 공간은 스타트업 인큐베이팅 공간이자 한동대학교가 지향하는 ESG 기반 창의혁신 생태계의 상징적 공간이다. 제네시스랩은 인공지능 기반 데이터 분석과 서비스 제공, 창업 인재의 보육과 실험을 위한 장으로 활용되며, 지역 기업과 공공기관, 대학이 함께 문제를 해결하고 가치를 창출하는 플랫폼이기도 하다. 이 공간의 이름인 제네시스 (Genesis)는 "빛이 있으라(Let there be light!)"라는 창세기 1장 3절에서 영감을 얻었다. 기술 창업, 사람과 생명, 환경과 사회를 살리는 창조적 대안의 발현지가 되기를 바라는 마음이 담겨 있다. 이곳에서 세상에 없던 것이 태어나고, 더 나은 세상을 향한 상상력이 실현되기를 소망한다.

제네시스랩 전경

혁신의 흐름은 바다 건너 울릉도에서도 이어지고 있다. 한동대학교는 울릉캠퍼스를 신설하고 지역 고등학생들을 위한 특별전형을 마련했다. 동시에 매 학기 20여 명의 한동대학교 재학생을 현장에 파견해 지역 혁신 프로젝트를 수행하고 있다. 울릉도는 '고립'이라는 한계를 '기회'로 전환할 수 있는 교육 실험지다. 한동대학교는 '글로벌 그린아일랜드 프로젝트'를 추진하며 천연자원을 활용한 친환경 산업 모델을 개발하고 있다.

울릉공항 개항에 맞춰 에코투어리즘, 지역 연계 교육, 지속 가능 개발이 통합된 융복합 프로그램도 마련 중이다. 하나의 섬을 실험하는 것이 아니라 한동대학교가 세계와 지역, 환경과 산업, 교육과 사명을 잇는 글로컬 혁신의 축소판이라 할 수 있다. 한동대학교는 포항과 울릉이라는 두 지역 거점을 중심으로 교육, 산업, 환경, 문화를 하나의 유기적 생태계로 통합하고 있다. 이 과정은 우리나라의 고등교육 전체를 향한 새로운 모델 제시이자, 기독교 대학이 시대의 흐름 속에서도 정체성을 지키며 세상에 선한 영향력을 미칠 수 있다는 가능성의 실증이기도 하다.

글로컬대학30 사업과 함께 도약하는 한동대학교의 미래 비전을 생각해 본다. 2040년 한동대학교는 어떤 모습일까? 당장 한 달 뒤도 모르는데 15년 후 모습은 사실 상상조차 할 수 없다. 그러나 한 가지 확실한 것은 미래 대학교육의 패러다임은 지금과는 전혀 다를 것이라는 점이다. 15년 후에도 교수가 교실에서 강의하고 학생은 열심히 듣고 암기하며 강의 자료를 반복해서 학습하는 대학이 살아남아 있을까? AI 로봇이 인간 교수보다 더 많이 알고 더 잘 가르치는 시대가 되면 지금과 같은 대학의 서열이 존재할까? 아니, 지금과 같은 대학이 과연 필요할까?

20세기 대학교육은 산업화와 인구 증가라는 시대적 상황에 맞춰 발전해 왔다. 대학은 산업사회가 필요로 하는 지식과 부품형 인재를 만드는 데 힘을 쏟았다. 소위 교육의 대량 생산 시대라고 할 수 있겠다. 그러나 지금 대학교육은 새로운 혁명의 시기를 지나고 있다. 부품형 인재가 일하던 업무 대부분이 AI로 대체되는 시대에는 기계가 대체할 수 없는 창의적 인재, 비판적 사고를 하는 인재, 사람들과 협력하는 공동체적 인재를 양성해야 한다. 이 책에서 주장하는 전인지능(HI)을 갖춘 인재, HI 인재가 바로 미래 시대가 필요로 하는 인재, AI 시대를 넘어설 수 있는 인재들이다. 그래서 나는 담대하게 전인지능 교육(HI Education)을 기존 대학교육의 대안으로 제시한다. 그리고 한동대학교가 HI 교육의 실험을 하려고 나선다.

한동대학교 글로컬대학 사업 선정 기자 간담회(2024. 9. 10.)

이 실험의 결과로 만들어질 한동대학교의 미래를 그려 본다.

한동에서 배출하는 졸업생들은 정직하고 성실하며, 남을 배려하고 존중하며, 자신의 말과 글과 행동에 책임을 지는 글로벌 시민이 되어 있을 것이다. 전 세계로 흩어져 배운 지식을 나누고, 가난한 이웃을 돌아보고 보살피는 선한 이웃이 되어 있을 것이다.

대학교육의 궁극적인 목적은 융복합적인 사고를 통해 우리 사회와 시대의 문제를 해결하는 방법을 배우고 훈련하는 것이다. 이를 위해 한동대학교는 복수전공 필수는 물론 자율설계전공 제도, 프로젝트 수업 등을 다각적으로 활용해 학생들을 융복합 인재로 세우는 활동을 할 것이다.

대학의 교육은 물리적인 캠퍼스 이외에도 온·오프라인이 하이브리드로 어우러지는 디지털 캠퍼스에서 진행되어 전 세계 어디서나 학습이 이루어질 전망이다. 한동대학교는 HI 교육에 공감하는 세계 유수의 대학들과 교육 플랫폼 HOPE를 공유해 전 세계의 대학생들이 최고의 학습 자료를 저렴하게 활용할 수 있게 될 것이다.

한동대학교의 모든 학생은 재학 중에 해외 현장 학습인 글로벌 로테이션 프로그램에 참여하거나 지역 혁신 프로그램에 참여해야 한다. 한 학기 이상 5-10명의 학생, 특히 전공 분야가 다른 학생들이 함께 국내외 현장에서 배우고 그 지식을 나눔으로 공헌하는 배움 - 공헌(Learning & Engagement) 학습체험을 통해 지식을 내재화할 것이다. 글로벌 공헌과 지역 사회 공헌은 다가오는 시대에 대학이 담당해야 할 중대한 사명이다. 한동대학교는 포항과 경상북도 지역은 물론, 전 세계로 나아가 글로벌 사회를 윤택하게 하는 대학이 될 것이다.

한동대학교에서는 교수도 학생도 계속 탐구하고 배워야 할 것이다. 교수는 학생들을 가르치기보다는 학생들이 지식을 이해할 수 있도록 이끌어 주는 퍼실리테이터(Facilitator) 역할을 하게 될 것이다. 학생들이 스스로 사고하고 협업하며 배움을 확장할 수 있도록 꾸준히 도울 것이다.

마지막으로 한동대학교 학생과 졸업생들은 '세상에 없는 것'을 만들어 우리 사회를 살리고, 사람을 살리며, 생명과 환경을 살리는 글로벌 스타트업 창업에 담대하게 도전할 것이다.

이처럼 한동대학교가 추진하는 글로컬대학30 사업은 어느 재정지원사업과는 다르다. 이것은 한동의 정체성과 비전을 구체화하고 지역과 세계를 잇는 새로운 교육 생태계를 창조해 가는 믿음의 여정이다. 한동대학교만의 성공 사례가 되는 것이 목표가 아니라 우리나라 고등교육 전체의 방향을 묻는 새로운 유형으로서 응답을 내놓을 것이다. 하나님이 주신 기회를 붙들고 한동대학교는 세계를 품고 미래로 향하는 대학으로 나아가고 있다.

31.

총장 연임을
포기하다

"끝이 아니라 시작"

나는 언제나 삶의 변곡점에서 하나님의 소리를 들었다.

모든 선택의 순간마다 계산이나 손익보다는 하나님의 인도하심과 사명의 울림이 있었다. 미국 뉴욕주립대학교-버팔로(SUNY at Buffalo)에서 정년 보장 교수로 재직하던 시절, 서울대학교에서 부름을 받았을 때도 그랬다. 세계적으로 인정받는 학문적 환경과 연구 여건을 뒤로하고 귀국하기로 결단할 수 있었던 이유는 직장이나 조건 때문이 아니었다. 하나님이 "이제 한국에서 너를 필요로 한다"라는 마음을 주셨고, 그분의 뜻에 순종하고자 했다. 돌아보면 주저함이 없었던 것이 아니라 주저함보다 더 큰 확신이 나를 움직였다.

2008년 우리나라가 글로벌 금융위기의 소용돌이 속에 있을 때는 더 큰 선택의 순간이 찾아왔다. 당시 정부는 위기 상황에서 한국은행 금융통화위원회의 책임과 역할이 막중한 시기임을 강조하며 내게 위원직을 제안했다. 제안을 받고 잠시 고민했지만, 곧바로 서울대학교 교수직을 내려놓기로 결심했다. 오랜 시간 쌓아 온 학문적 기반을 내려놓는 일이 쉽지 않았지만, 하나님이 내게 '지금은 나라를 위한 때'라고 말씀하시는 것 같았다. 위기 앞에 선 공동체를 위해 내가 가진 지식과 경험이 사용되기를 바랐다. 모든 것이 주님의 섭리 안에 있음을 믿었기에 그 길을 기쁘게 걸어갈 수 있었다.

한동대학교와의 인연도 그랬다. 졸업생의 추천으로 이 학교와 연결된 것은 우연이 아니었다. 그 만남을 하나님의 인도하심으로 받아들였고, 한동의 사명과 비전을 깊이 이해하게 되었다. 그리고 총장으로 섬기게 된 지금까지 하나님이 나를 이곳에 세우신 이유가 분명히 있다는 것을 매일 실감하며 살아왔다.

총장으로 재임한 지 어느덧 3년 반이 흘렀다. 지금은 글로컬대학30 사업이 본격화되고 글로벌 기업혁신파크를 비롯한 여러 대형 프로젝트가 막 시작된 시점이다. 그리고 연임은 개인의 선택이 아니라 학교의 지속성과 리더십의 안정성을 고려한 중요한 결정이다. 2025년을 앞두고 다시금 내 거취에 대해 하나님께 질문을 드리기 시작했다. '이 길을 더 걸어야 할까요? 아니면 이제 내려놓을 때인가요?'

겉으로 보기에는 연임이 자연스러워 보였다. 실제로 나 또한 처음에는 그렇게 생각했다. 한창 진행 중인 사업들을 마무리하지 않고 떠나는 것은 무책임한 선택처럼 느껴졌기 때문이다. 지금 물러난다면 구성원들에게 혼란을 줄 수도 있고, 추진하는 일들이 동력을 잃을 수도 있다. 이에 마음은 '연임해야 한다'는 쪽으로 거의 기울어 있었다.

그러나 이상하게도 마음 한구석이 평안하지 않았다. 아무리 이성적으로 판단하고 주변의 권면을 들어도 내면 깊은 곳에서 '이제는 내려놓을 때'라는 조용한 목소리가 계속 들려왔다. 기도 없이 판단할 수 없는 일이기에 하나님 앞에 나아갔다. 그러던 중 민수기 20장을 묵상하게 되었다. 모세가 이스라엘 백성을 이끌고 광야에서 40년간 인도한 뒤, 가나안 땅 입성을 앞두고 하나님이 그에게 말씀하시는 장면이었다. "너는 그 땅에 들어가지 못할 것이다."

이 말씀이 마치 나에게 주시는 것처럼 마음에 와닿았다. 모세는 출애굽의 지도자였고 광야의 교사를 자처한 리더였다. 그는 기적을 통해 이스라엘 백성을 인도했고, 백성의 무수한 시험과 반역 속에서도 하나님의 뜻을 붙들었다. 그러나 하나님은 가나안, 즉 새로운 시대의 문을 여는 사명을 여호수아에게 맡기셨다. 출애굽의 리더십과 가나안의 리더십은 같을 수 없었기 때문이다. 하나님은 시대의 변화에 따라 리더십도 전환되어야 함을 말씀하셨다.

이 말씀을 깊이 되새기며 나의 여정을 돌아보았다. 한동대학교의 지난 30년은 김영길 초대 총장님의 순교적 헌신이 있었기에 가능했고, 나 또한 광야 시대를 함께한 리더였다. 그러나 이제는 또 다른 30년의 문이 열리고 있다. 이는 디지털 전환, 글로벌 통합, 자율성과 책임 기반의 구조 개혁 등 새로운 패러다임을 요구하는 시대다. 그리고 이 자리를 더 젊고 창의적인 다음 세대 리더에게 물려주는 것이 지금 나에게 주어진 마지막 사명이라는 생각이 들었다.

내려놓음은 포기의 다른 이름이 아니다. 오히려 사명을 마친 자가 걸어야 할 또 하나의 길이며, 하나님이 맡기신 사역의 마침표를 겸손히 받아들이는 순종의 행위다. 많은 사람이 나의 결정을 두고 물러남의 이미지를 떠올릴 수도 있지만, 내가 느끼는 내려놓음은 오히려 깊은 평안과 자유로움이었다. 무언가를 끝맺는다는 것은 항상 아쉬움과 두려움을 동반하지만, 하나님이 내 삶을 이끌어 오신 방식을 돌아보면 그분은 언제나 새로운 문을 열기 전에 하나의 문을 닫게 하셨다. 닫힘은 끝이 아니라 시작이리라.

벚꽃 핀 봄날 한동대학교 학생들과 함께

나는 지금도 여전히 한동을 위해 기도하고 있다. 하나님의 비전을 품은 이 작은 학교가 세상 속에서 빛과 소금의 역할을 감당하도록, 교정 위를 걷는 학생들의 걸음이 정의롭고 담대하도록, 그들의 마음이 진리와 사랑으로 채워지도록 간절히 중보하고 있다. 또한 한동의 미래를 이끌 새로운 리더와 동역자들에게도 하나님의 지혜와 담대함이 임하기를 기도한다. 연단의 시간을 통과하며 준비된

다음 세대가 더 큰 꿈과 책임을 안고 이끌어 갈 때, 그것이 하나님의 완전한 이음의 역사라고 믿는다.

이따금 상상해 본다. 내가 총장이었을 때 마주했던 수많은 고민, 결정을 내려야 했던 날들, 그리고 함께 울고 웃었던 학생들과 교직원들의 얼굴. 그 시절은 다시 돌아오지 않겠지만, 그 시간이 씨앗이 되어 지금도 조용히 열매를 맺고 있다는 사실이 나를 미소 짓게 한다. 마치 광야에 뿌린 작은 씨앗이 오랜 시간이 지나 푸른 숲을 이루는 것을 보는 듯한 마음이다.

하나님이 내게 맡기신 길이 여기까지라면 그 사실만으로도 얼마나 큰 은혜인가. 그분께서 이끄신 여정에 감사드리며 이제는 또 다른 사명을 향해 새롭게 나아갈 준비를 한다. 내게 남은 시간도 여전히 그분의 시간이며, 내가 걸어갈 길도 여전히 그분의 길임을 믿기에 담대하게 다시 길을 나선다.

존 헨리 뉴먼이 말한 지성의 함양, 아브라함 카이퍼가 강조한 문화적 사명과 영역 주권은 오늘날 우리가 AI 시대를 살아가며 회복해야 할 교육의 본질을 함께 증언한다. HI 교육은 이 두 거인의 통찰을 오늘의 언어로 구현하려는 시도다. 뉴먼이 보여 준 통합적 지성과 카이퍼가 제시한 공적 책임은 지식과 기술이 아니라 사람과 공동체를 중심에 두는 교육의 길을 비춘다. 이 전통을 이어 가는 한동대학교의 실험은 과거의 지혜와 미래의 도전을 잇는 살아 있는 다리가 될 것이다.

2026년 2월이 되면 그동안 정들었던 내 사랑 한동을 떠난다. 막상 떠나려고 하니 다 끝내지 못한 아쉬움이 남는다. 그러나 후회는 없다. 지난 4년간 내게 맡겨진 일을 위해 최선을 다했기 때문이다. 하용조 목사님의 말씀이 생각난다. "교회에 대해 질문하는 만큼, 교회에 대해 생각하는 만큼 교회는 부흥합니다." 한동대학교 총장으로 재임하며 하루도 빠짐없이 한동을 생각했고, 매일 한동에 대해 질문하고 대답을 고민했다. 그리고 그만큼 한동은 성장했다.

비록 내가 떠나더라도 한동은 계속 부흥할 것이다. 전인지능(HI)을 교육하는 대학으로서 우리나라를 넘어 전 세계에 교육의 새로운 패러다임을 확산시킬 것이다. 혁신형 대학의 모습을 보여 줄 것이다. '우리가 과연 할 수 있을까?'라는 의구심이 들 수 있다. 그러나 의구심에 사로잡히면 한 걸음도 나가지 못한다. 한동대학교가 개교할 때 그 의구심에 사로잡혀 주저했다면 오늘날의 한동은 존재할 수 없었을 것이다. 고 김영길 총장님 같은 초창기 한동의 리더들은 보이지 않는 것을 보았다. 믿음의 눈으로 보았다. 그리고 불가능한 것이 이루어지는 것을 보았다. 스스로 불가능한 것에 도전했기 때문이다.

See the invisible, Do the impossible!

인간의 지식과 경험과 능력으로 되는 것은 하나도 없다. 그러나

한스트 세족식

아무리 어려운 일이라도 하나님이 하시면 아주 간단하다. 내가 하려면 대학이 그렇게 힘들고 어려운데, 하나님이 하시면 아주 쉽다. 대학은 하나님이 하신다. 능력도 하나님이 주신다. 이 말을 다음 총장에게 전하며 나는 한동을 떠난다.

I love you, Handong!